Enzyklopädie Mosaik

Enzyklopädie Mosaik

Teresa Mills

FLEURUS IDEE

Fleurus Idee
is an imprint of
Fleurus Verlag GmbH

Produktion und Redaktion der deutschen Ausgabe:
Nazire Ergün und trans texas GmbH, Köln

Umschlaggestaltung: MWK, Köln

Übersetzung aus dem Englischen:
Wiebke Krabbe, Damlos

Fotos: Martin Norris

ISBN 3-89717-355-7

Printed in China

10 9 8 7 6 5 4 3 2 1

Für Sam, Oscar, Paul
und für meine Eltern

INHALT

EINLEITUNG

Mosaik ist eine dekorative Kunstform mit langer Geschichte. Sie reicht zurück in die griechische Antike und setzt sich fort bei den Römern, die die Verarbeitung kleiner Stücke aus Stein, Keramik und später Glas verfeinerten und mit diesen Materialien kunstvolle Bilder und Muster gestalteten.

Vor Jahrtausenden entstanden in diesen Hochkulturen die Materialien und Motive, die noch heute die Grundlage der Mosaikkunst bilden. Sie wurden oft kopiert, aber in ihrer Schönheit selten übertroffen. Mit der stetigen Vergrößerung des Römischen Imperiums verbreitete sich auch die Mosaikkunst. Es entstanden eine Vielzahl beeindruckender Werke; etliche sind noch heute in den Überresten öffentlicher Gebäude und Wohnhäuser der Römerzeit zu bewundern. Eine zweite große Welle der Mosaikkunst breitete sich in byzantinischer Zeit vom östlichen Mittelmeerraum über ganz Europa aus. Die wohl schönsten Beispiele dieser Epoche blieben im italienischen Ravenna erhalten. Im 20. Jahrhundert erwachte das Interesse an der Mosaikkunst erneut und dabei entstanden auch ganz neue, ungewöhnliche Mosaike in leuchtenden Farben. Ein typisches Beispiel sind die von Antoni Gaudí gestalteten Mosaike in der Kathedrale Sagrada Família in Barcelona.

Trotz seiner illustren Geschichte ist das Mosaik eine jedem leicht zugängliche Kunstform. Man braucht nur etwas Geschick zum Schneiden der Steine und viel Geduld beim Auslegen und Kleben der Muster und Motive aus vielen Einzelteilen. Dieses Buch hilft Ihnen, die nötigen Fähigkeiten zum Gestalten dekorativer Mosaike zu entwickeln.

Auf den folgenden Seiten finden Sie umfassende Informationen zu Materialien, Werkzeugen und Techniken. Daran schließt sich eine große Auswahl von Mustern und Motiven mit jeweils unterschiedlichem Schwierigkeitsgrad an. Zu jedem einzelnen Motiv gehört auch eine Mustervorlage, mit deren Hilfe es auf jedes gewünschte Format vergrößert werden kann.

Die Motive sollen Ihnen als Anregung dienen. Sie werden bald sehen, dass man verschiedene Elemente kombinieren kann – etwa ein Motiv und eine umlaufende Bordüre. Auch durch Verändern der Farbkombinationen und der Fugen ergeben sich weitere Variationsmöglichkeiten. Mosaikgestaltung ist ein faszinierender Prozess, der mit dem Entwickeln des Motivs und der Wahl der Farben und Formen beginnt. Das Verlegen der Steinchen ist wiederum eine sehr entspannende, fast meditative Beschäftigung. Allmählich nimmt

das Bild Gestalt an, doch erst nach dem Verfugen und dem anschließenden Säubern erkennt man die tatsächliche Wirkung. Auch wer schon viele Mosaike gestaltet hat, erwartet diesen Moment mit Spannung. Es ist erstaunlich, welche Leuchtkraft die Mosaiksteinchen haben können und wie sich mit einem so harten, kantigen Material weich fließende Muster gestalten lassen.

Und weil sie so robust sind, haben Mosaike nicht nur dekorativen Wert, sondern sind durchaus alltagstauglich und fühlen sich obendrein interessant an. Wenn Sie das Mosaikfieber packt, wird nichts mehr vor Ihnen sicher sein – nicht einmal die Betonplatten auf der Terrasse oder die Wand eines alten Schuppens. Sie werden in Strandkieseln, Pflasterungen und selbst Blättern auf dem Boden plötzlich Muster erkennen. Sie werden Zeitungsausschnitte, Postkarten, Stoff- und Tapetenreste und allerlei andere Kleinigkeiten sammeln, die eines Tages als Anregung für ein Mosaik dienen könnten. Und natürlich werden Sie ständig auf der Suche nach neuen und alten Fliesen, angeschlagenem Geschirr, Muscheln, Knöpfen und anderen Materialien sein, die sich für Mosaike eignen. Ich wünsche Ihnen viel Erfolg bei der Gestaltung vieler individueller Mosaike.

TERESA MILLS

SO ARBEITEN SIE MIT DIESEM BUCH!

Die wichtigsten Materialien und Werkzeuge werden auf den Seiten 28–43 beschrieben. Auf Seite 44 beginnt das Kapitel über die Grundtechniken – vom Entwurf über das Vergrößern, Schneiden und Kleben bis zum Verfugen. Die Motivvorschläge, nach Themen gruppiert, folgen ab Seite 76.

Mustervorlage Zu jedem Motiv gehört eine Vorlage mit Raster zum Vergrößern von Hand (siehe Seite 52). Natürlich können Sie auch einen Fotokopierer oder Scanner verwenden.

Einleitungstext Hier finden Sie Tipps für Variationen, Informationen über besondere Techniken oder Vorschläge für die Platzierung oder Verwendung des Mosaiks.

Schwierigkeitsgrad Der Schwierigkeitsgrad wird auf einer Skala von 1 bis 4 angegeben. Stufe 1 ist vor allem für Anfänger gedacht, Stufe 4 kennzeichnet Mosaike für Könner.

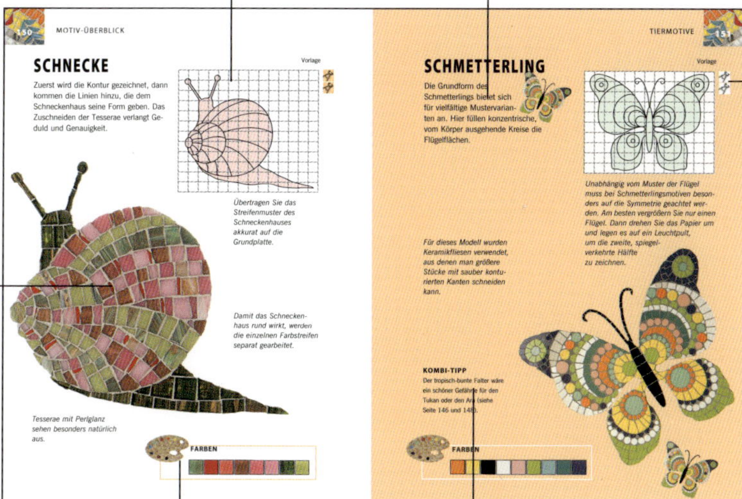
150 MOTIV-ÜBERBLICK

SCHNECKE

Zuerst wird die Kontur gezeichnet, dann kommen die Linien hinzu, die dem Schneckenhaus seine Form geben. Das Zuschneiden der Tesserae verlangt Geduld und Genauigkeit.

Vorlage

Übertragen Sie das Streifenmuster des Schneckenhauses akkurat auf die Grundplatte.

Damit das Schneckenhaus rund wirkt, werden die einzelnen Farbstreifen separat gearbeitet.

Tesserae mit Perlglanz sehen besonders natürlich aus.

FARBEN

TIERMOTIVE 151

SCHMETTERLING

Die Grundform des Schmetterlings bietet sich für vielfältige Mustervarianten an. Hier füllen konzentrische, vom Körper ausgehende Kreise die Flügelflächen.

Vorlage

Unabhängig vom Muster der Flügel muss bei Schmetterlingsmotiven besonders auf die Symmetrie geachtet werden. Am besten vergrößern Sie nur einen Flügel. Dann drehen Sie das Papier um und legen es auf ein Leuchtpult, um die zweite, spiegelverkehrte Hälfte zu zeichnen.

Für dieses Modell wurden Keramikfliesen verwendet, aus denen man größere Stücke mit sauber konturierten Kanten schneiden kann.

KOMBI-TIPP

Der tropisch-bunte Falter wäre ein schöner Gefährte für den Tukan oder den Ara (siehe Seite 146 und 148).

FARBEN

Foto des Mosaiks Ein Foto des fertigen Motivs zeigt die genaue Anordnung der Mosaiksteinchen. So lässt es sich leicht imitieren.

Farben Hier werden die Farben aufgeführt, die für das Beispiel verwendet wurden. Natürlich können Sie ganz nach Geschmack oder Umgebung des Mosaiks auch andere Farben wählen.

Kombi-Tipps Manche Mosaike eignen sich besonders gut für Kombinationen mit anderen Motiven aus diesem Buch. Hier finden Sie Hinweise und Vorschläge.

IDEENGALERIE

In diesem Kapitel finden Sie eine Auswahl von Arbeiten bekannter Mosaikkünstler. Die Vielfalt der verwendeten Stile und Techniken zeigt, dass es in diesem Genre keine starren Regeln gibt. Was zählt, ist ein originelles und ansprechendes Ergebnis. Wer Mosaike entwirft, entdeckt immer neue Möglichkeiten und während der Arbeit an dem einen ergeben sich oft schon Ideen für ein weiteres. Die hier vorgestellten Werke stammen von Künstlern, die sich auf diese kreative Entdeckungsreise begeben haben. Ihre mit Geduld und Ausdauer geschaffenen Motive sind eine fantastische Quelle für neue eigene Ideen.

SONNENBLUMEN
Sudarshan Deshmukh

Dieses Motiv aus sich überlappenden Sonnenblumen wird durch die schmalen Segmente der Blütenblätter lebendig, die sich vor den größeren, in Bögen angeordneten Tesserae (Mosaiksteinchen) des Hintergrunds abheben.

GELBER FALTERFISCH
Judy Wood

Die enorme Farben- und Formenvielfalt tropischer Fische bietet Mosaikkünstlern viele Anregungen. Hier bilden die sorgfältig zugeschnittenen Tesserae der Flossen und Schuppen einen reizvollen Kontrast zu den größeren, geometrischen Elementen.

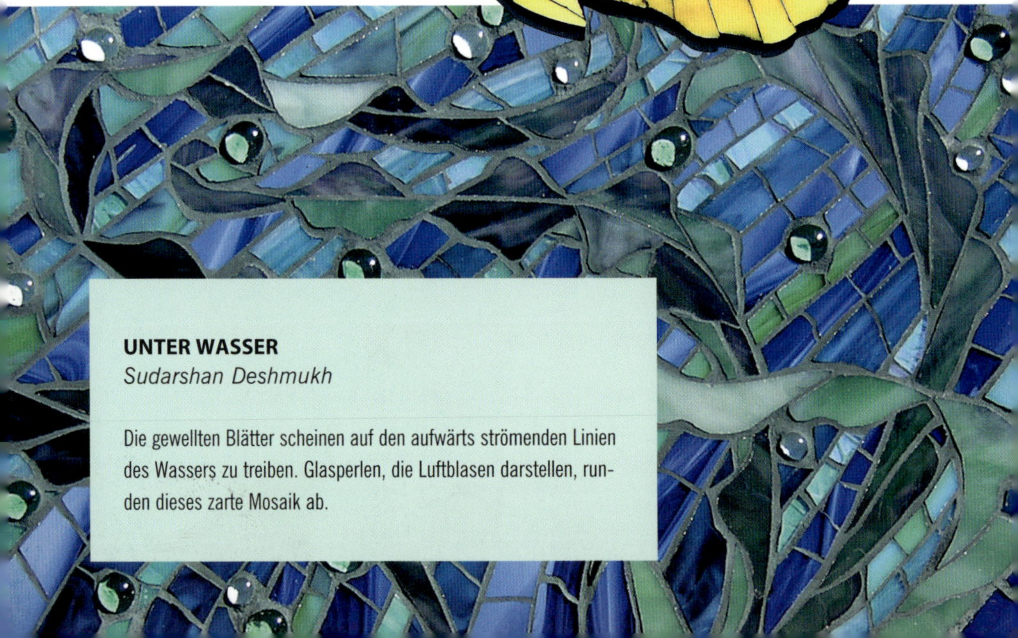

UNTER WASSER
Sudarshan Deshmukh

Die gewellten Blätter scheinen auf den aufwärts strömenden Linien des Wassers zu treiben. Glasperlen, die Luftblasen darstellen, runden dieses zarte Mosaik ab.

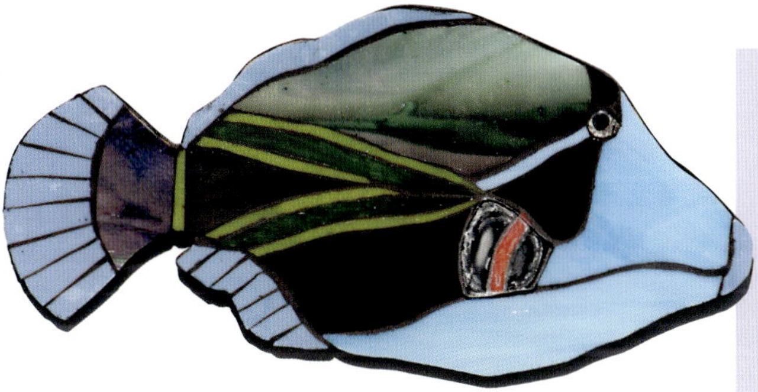

DRÜCKERFISCH
Judy Wood

Durch die großen, farblich fein abgestuften Segmente wirkt der Fisch sehr massiv. Das Fächermuster von Schwanz und Flossen verleiht ihm Kraft und Dynamik.

KAISERFISCH
Judy Wood

Dieses Mosaik lebt von den ausdrucksvollen, orangefarbenen Streifen, die aus größeren Fliesen geschnitten wurden. Die Komplementärfarbe Blau bringt das Orange zum Leuchten, während die feine Gliederung von Flossen und Schwanz das Motiv einrahmt.

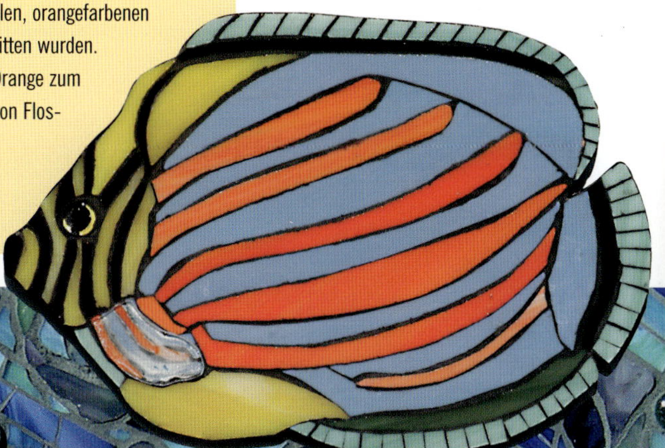

ELSTER
Magnus Irvin

Das Ungewöhnliche dieses Mosaiks ist sein Aufbau: Der Vogel mit dem auffälligen Auge füllt den Vordergrund aus, der Kopf ist zum Stundenglas im Hintergrund gewendet. Das Motiv vermittelt eine seltsam surreale, fast etwas unheimliche Atmosphäre.

FISCH MIT BORDÜRE
Jo Letchford

Die weichen Rundungen der Wellen bilden einen spannungsvollen Kontrast zu den spitzen Zähnen und Stacheln des Fischs. Den Rahmen des Motivs bildet ebenfalls ein Mosaik, in diesem Fall eine klassische Guilloche-Bordüre.

REPTILIEN
Philippa Beveridge

Optische Täuschungen (Trompe-l'œil) waren schon in der Antike bekannt und äußerst beliebt. Hier zeichnet das Muster dieses fantastischen Mosaiks die geschwungenen Körperformen der Eidechsen nach, während Schatten und Anordnung der Tiere die Illusion vermitteln, echte Eidechsen liefen über Fliesen und Wände.

TEPPICH-MOSAIK
Rosalind Wates

Dieses interessante Mosaik wirkt wie ein kunstvoll geknüpfter Teppich. Mehrere Bordüren in sanften Blau- und Fliedertönen rahmen ein Mittelfeld mit bezaubernden Tier- und Blütenmotiven ein.

TIERE, VÖGEL UND INSEKTEN

Anna Wyner

Dieses großformatige Mosaik knüpft an klassische Vorbilder an. Die warmen Ockertöne und die geordnete Platzierung der Tiere in der Landschaft vermitteln eine friedliche, aber unterschwellig unwirkliche Ruhe.

PFAU

Irina Charny

Üblicherweise werden Pfaue mit weit geöffnetem Rad dargestellt, hier jedoch hat die Künstlerin das Motiv auf ein schmales Rechteck reduziert. Dennoch kommen die charakteristischen Merkmale des Vogels gut zum Ausdruck und die prächtigen Schwanzfedern beherrschen das Bild.

ZEBRA
Judy Wood

Auch bei diesem Motiv orientiert sich die Wahl der Farben und Muster an der Natur. Das üppige Grün vor dem leuchtend blauen Himmel bildet einen interessanten Kontrast zu dem geometrischen Schwarz-Weiß-Muster des Zebrafells.

ELEFANT
Marcelo José de Melo

Der afrikanische Elefant mit seinen ausgebreiteten Ohren bietet sich für ein rundes Mosaik an. Die Tesserae in gleichmäßigen Größen und ähnlichen Tonwerten wurden geschickt eingesetzt: Das Mosaik wirkt eher ruhig, dennoch hebt sich das Motiv genug vom Hintergrund ab.

PONY MIT KRIEGSBEMALUNG

Judy Wood

In diesem Mosaik verschwimmen die Konturen des naturgetreu dargestellten Ponys fast mit dem Hintergrund. Dadurch fällt die ungewöhnliche Bemalung um Augen, Nüstern und Hals stärker auf. Diese Bemalung ist sehr geschickt angelegt und betont die Kopfform des Tiers.

GEPARDEN

Judy Wood

Die Körper dieser beiden Tiere fließen ineinander, nur das Tupfenmuster und die geschickte Anordnung der Fugen bilden eine subtile Abgrenzung. Die großen Elemente, aus denen die Felsen gestaltet sind, geben dem Motiv eine solide Basis. Der Vollmond erfüllt eine Doppelfunktion – er ist Hintergrund und Rahmen zugleich.

WEISSER HIRSCH

Judy Wood

Der Hirsch ist aus großen, rund geschnittenen Mosaiksteinen aufgebaut, während der relativ kleinteilige Hintergrund unruhige Bewegung vermittelt und vielleicht einen Schneesturm darstellen könnte. Der Motivrahmen greift Form und Farben von Sattel und Zaumzeug auf.

ROMEO
Mary Taylor

Der prächtige Hahn hebt sich nicht nur durch die Farben von dem blauen Hintergrund ab, sondern auch durch die Verlegerichtung der Tesserae, die dem Verlauf seines Gefieders folgt. Die Bordüre aus verschiedenen Blautönen gibt dem Motiv einen passenden Rahmen.

TOSKANISCHES BAND
Laura Aiken

Intensive Farben und große Mosaiksteine geben diesem Motiv seine kraftvolle Ausstrahlung. Die Rundungen des Bands werden auch dadurch betont, dass es über dem Hintergrund zu schweben scheint.

RITTER IN RÜSTUNG

Judy Wood

Auch hier sind die Bildelemente mit verschiedenen Mosaiktechniken dargestellt. Pferd und Ritter im Vordergrund wirken durch die anatomisch korrekt geschnittenen Elemente elegant und kraftvoll. Die kleineren, eckigen Tesserae sind ideal für den Himmel und vor allem für die Festungsstadt im Hintergrund.

DREI SCHIFFE SAH ICH

Jo Letchford

Die historischen Schiffe unter vollen Segeln sind mit kleinen Tesserae sehr detailgetreu dargestellt. Während die Grenzen von Himmel und Wasser verschwimmen, heben sich die Holzrümpfe mit den klaren Mustern in verschiedenen Brauntönen deutlich ab.

LUZERN

Jo Letchford

Dieses Motiv lebt von seinem strengen Verlegemuster. Durch die konsequent waagerecht angeordneten Reihen von Tesserae strahlt das Mosaik Ruhe und Stabilität aus.

UNTER VOLLZEUG

Jo Letchford

Die kompakte, aber elegante Form des Schiffsrumpfs und der linear verlegte, einfarbige Hintergrund sorgen dafür, dass dieses Motiv trotz der lebhaft bunten, etwas ungeordneten Muster der Segel nicht unruhig oder wirr wirkt. Auch die gleichmäßig gedämpften Farbtöne geben dem Motiv Zusammenhalt.

DIE WELT IST BUNT
Jeanine Gerlofsma

Durch die Motivanordnung und die sanften Farben erinnert dieses Mosaik an eine Kinderzeichnung. Bei genauem Hinsehen erkennt man aber, wie die Künstlerin dem Motiv durch die geschickte Verteilung einzelner Farben optische Ausgewogenheit gegeben hat.

PAISLEY-MUSTER
Marcelo José de Melo

Die Abwandlung der Paisley-Motive zu Füllhörnern voller Blüten ist ungewöhnlich. Die Sechseckform mit der dunkleren Umrahmung passt gut zu diesem unkonventionellen Mosaik.

FLORA
Irina Charny

Dieses reizvolle Mosaik strahlt Lebendigkeit und Vitalität aus. Die gesamte Fläche ist von unterschiedlichen Blütenmotiven ausgefüllt, die einander geschickt ergänzen und ein sehr ausgewogenes Gesamtbild ergeben.

HÄUPTLING
Dino Semilia

Dieses Mosaik wirkt so überzeugend, weil es an die Farbtraditionen der nordamerikanischen Indianer anknüpft. Das Gesicht füllt die Motivfläche fast vollständig aus und hat dadurch eine starke Ausstrahlung.

JUNGER PROFESSOR

Marcelo José de Melo

Für das Porträt selbst hat der Künstler nur wenige Farben mit starkem Kontrast eingesetzt. Der Hintergrund und das Hemd dagegen wirken durch die verschiedenen Farbtöne etwas lebhafter und beinahe verspielt.

DAME IN SEIDE

Paula Macleod

Für dieses ausdrucksvolle Mosaik hat die Künstlerin verschiedene Materialien (Smalten, unglasiertes Porzellan, Satin und Fundstücke) in mühevoller Kleinarbeit so zusammengefügt, dass das Licht- und Schattenspiel auf der sanft getönten Haut überzeugend eingefangen wird.

BALLERINA
Irina Charny

Der innere Bildrahmen scheint die Bewegungen der Tänzerin mit den ausgestreckten Gliedmaßen einzuschränken. Ihre extrem dünn erscheinende Silhouette steht im Widerspruch zu dem weich fließenden, gebauschten Rock. Der Rahmen schließt das Bild stimmig ab, indem er die Farben des Motivs aufgreift.

DIONYSOS
Rosalind Wates

Dieses Mosaik in der Tradition der klassischen Antike stellt den Gott des Weins und der Fruchtbarkeit dar, der bei den Römern den Namen Bacchus trug. Der runde Rahmen greift die Kontur des Krugs im Motiv auf.

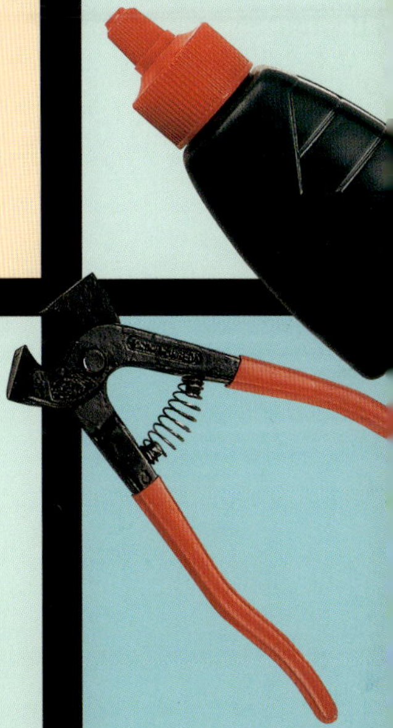

MATERIALWAHL UND WERKZEUG

In diesem Kapitel lesen Sie alles Wissenswerte über die besten Mosaikmaterialien und die Werkzeuge, mit denen sie verarbeitet werden. Viele Spezialwerkzeuge brauchen Sie nicht, das meiste werden Sie im Haushalt finden.

DER ARBEITSPLATZ

Wer geräumig wohnt, könnte sich für die Mosaikarbeiten einen speziellen Platz einrichten. Sind die Raumverhältnisse hingegen enger, eignet sich ein altes Tablett als „Arbeitsplatz“ für halb fertige Projekte und Werkzeuge. Arbeiten Sie einfach auf dem Küchentisch und räumen Sie das Tablett beiseite, wenn der Tisch anderweitig gebraucht wird.

Optimale Lichtverhältnisse

Ganz wichtig ist eine gute Lichtquelle, damit Sie Details genau sehen können und Ihre Augen nicht überanstrengen. Ideal ist Tageslicht, Kunstlicht kann die Farben verfälschen und Ihr Projekt während der Arbeit möglicherweise ganz anders aussehen lassen als später bei Tageslicht.

Eine schwenkbare Schreibtischlampe ist als Ergänzung zum natürlichen Licht dennoch praktisch. Sie leuchtet auch feine Detailarbeiten aus und erleichtert die Arbeit an Motivteilen, auf die der Schatten des Körpers oder der Hand fällt.

Gute Lüftung

Der Arbeitsplatz muss gut belüftet sein. Stark staubende Arbeiten wie das Schneiden von Trägerplatten oder das Anrühren von Fugenmasse sollten Sie dennoch möglichst im Freien erledigen.

Die ideale Arbeitsfläche

Vor allem zum Schneiden und Brechen von Fliesen brauchen Sie eine stabile Arbeitsfläche. Ein solider Küchentisch, der nicht wackelt, eignet sich gut. Die Höhen von Arbeitsfläche und Stuhl sollten so aufeinander abgestimmt sein, dass Sie bei der Arbeit Ihren Rücken nicht strapazieren. Gewöhnen Sie sich an, alle 15 Minuten aufzustehen, den Rücken zu strecken und Arme und Schultern zu lockern.

Reservieren Sie einen sauberen Teil des Arbeitsplatzes für Zeichnungen und Entwürfe. Die Fläche, auf der Sie mit Fugenmasse, Fliesenkleber und anderen Materialien hantieren, wird zwangsläufig schmutzig – und natürlich auch jedes Stück Papier, das dort liegt.

Das Reinigen mit Wasser

Eine Waschschüssel oder fließendes Wasser in direkter Nähe erleichtert das Reinigen des Mosaiks nach dem Verfugen. Fugenmasse darf niemals in den Abfluss gegossen werden, weil sie in den Rohren aushärten kann und dann die Leitungen verstopft. Schaben Sie alle Gefäße gut aus und entsorgen Sie Reste von Fliesenkleber und Fugenmasse immer in der Mülltonne, damit nur so wenig Zementstoffe wie möglich ins Abwasser gelangen. Ein Außenwasserhahn ist zum Reinigen der Mosaike und Werkzeuge sehr praktisch.

Glatter Bodenbelag

Der Bodenbelag des Arbeitsbereichs spielt eine wichtige Rolle. Er sollte glatt sein, damit man Splitter und Scherben gut sehen und leicht zusammenfegen kann. Teppich und Auslegeware wird durch Zementstaub und Kleckse leicht ruiniert. Notfalls können Sie Auslegeware aber während der Arbeit großflächig mit stabiler Plastikfolie abdecken.

Stauraum schaffen

Denken Sie auch an reichlich Stauraum für die verschiedenen Mosaiksteinchen, Fugenmasse und Werkzeuge. Ideal ist ein alter Schrank oder ein stabiles, tiefes Regal. Sammeln Sie alte Einweckgläser, große Schraubgläser und ähnliche Behältnisse für Ihre Sammlung kleiner Mosaiksteine.

MOSAIKSTEINE

Für die Projekte in diesem Buch werden zwei Arten von Materialien verwendet: Glas-Tesserae und gewöhnliche Wandfliesen.

▲ *Bei Glas-Tesserae können Sie zwischen einer Vielzahl von leuchtenden Farben wählen.*

Tesserae

Dieser Begriff für Mosaiksteinchen stammt aus dem Lateinischen und geht auf die großen Mosaike der römischen Antike zurück, die zur Dekoration von Gebäuden, öffentlichen Plätzen und Bädern gestaltet wurden. Die „Steinchen" gibt es im Handel in zahlreichen Farben und verschiedenen Strukturen. Selbst Metallicfarben sind erhältlich. Normalerweise haben sie eine quadratische Form mit einer Kantenlänge von 2,5 cm. Die Oberfläche ist eben, die Unterseite geriffelt, sie hat abgeschrägte Kanten, um die Haftung auf dem Klebstoff zu verbessern. Gelegentlich werden Tesserae auf einem Trägerpapier oder einem Textilgitter angeboten. Weil die Abstände zwischen den Mosaiksteinchen sehr gleichmäßig sind, eignen sich solche Matten gut zum schnellen Bedecken größerer, ebener Flächen.

◀ *Schon beim Betrachten der verschiedenen Farben und Oberflächen entstehen oft gute Ideen für Mosaikmotive.*

Natürlich kann man die einzelnen Mosaiksteinchen auch von dem Trägermaterial lösen. Doch weil man für Mosaikmotive Tesserae in verschiedenen Farben braucht, ist es meist sinnvoller, sie lose zu kaufen.

▲ *Ein Hintergrund wirkt lebendiger, wenn die Farben der Mosaiksteinchen leicht variieren.*

Glas-Tesserae

Mosaiksteinchen aus Glas sind sehr stabil und robust. Das Schneiden ist allerdings nicht einfach, weil sie häufig und unvorhersehbar springen. Außerdem sind sie recht scharfkantig. Wer mit Glas-Tesserae arbeitet, muss sich auf kleinere Verletzungen an den Händen einstellen. Weil diese Tesserae aber sehr strapazierfähig sind, eignen sie sich besonders gut für den Einsatz im Freien – vorausgesetzt, Kleber, Fugenmasse und Grundplatte sind ebenfalls wetterfest (siehe Seiten 39–42).

Ihr besonderer Reiz liegt aber in der Leuchtkraft und Vielfalt ihrer Farben. Selbst schlichte Motive können atemberaubend aussehen, wenn man die Farben geschickt zusammenstellt.

▼ *Viele Glas-Tesserae haben durch Einlagen aus anderem Material einen interessanten Streifen- oder Marmoreffekt.*

▲ *Einfarbige Glas-Tesserae sind ebenso ausdrucksvoll wie Keramik-Mosaiksteinchen. Das beweist das Charlie-Chaplin-Motiv auf Seite 218.*

Haushaltsfliesen

Haushaltsfliesen bieten ganz andere Möglichkeiten. Bodenfliesen sollten Sie allerdings nicht verwenden, weil sie dicker sind und sich schwerer schneiden lassen. Wandfliesen gibt es in vielen Formaten, beispielsweise in Quadraten von 10 cm Kantenlänge. Meist bestehen sie aus Keramik und haben eine glasierte Oberfläche.

Das Spektrum der Farben, Muster und Dekore ist groß, die Farben sind jedoch meist matter als bei Glas-Tesserae. Manche Mosaikkünstler bevorzugen Keramikfliesen, weil sie sich leichter schneiden und mit der Brechzange in die gewünschte Form bringen lassen (siehe Seiten 53–54). Man kann Motive aus größeren Elementen aufbauen (siehe Seiten 206–209) oder alte, gemusterte Fliesen auf interessante Weise recyceln. Sie haben den Nachteil, weniger robust zu sein und vor allem im Außenbereich bei Frost leicht zu platzen.

▼ Größere Fliesen sind praktisch für durchgehende, einfarbige Flächen in einem Mosaik.

▶ Fragen Sie im Fliesenmarkt nach zweiter Wahl oder reduzierten, angestoßenen Fliesen. Für Mosaike sind sie noch bestens geeignet.

Weitere Materialien

Es gibt so viele Materialien, die sich für Mosaike eignen, dass wir in diesem Buch nicht auf alle eingehen können. Naturstein und Marmor sind nur zwei Beispiele. Denkbar sind aber auch ungewöhnlichere Materialien, sofern sie sich verkleben lassen: Muscheln, Knöpfe, Eierschalen, Scherben von Geschirr und Blumentöpfen, selbst glatte Kieselsteine. Seien Sie erfinderisch und integrieren Sie, was sich bietet. Strasssteine und Pailletten, Spiegel, Puppenaugen, Münzen und andere Fundstücke machen Ihre Mosaike unverwechselbar. Entscheiden Sie selbst, ob Sie lieber traditionell oder unkonventionell arbeiten. Wichtig ist nur, dass Sie Freude an der Arbeit und am Resultat haben.

▲ *Knöpfe eignen sich gut als Detail für figürliche Mosaikmotive.*

▲ *Pailletten und Strasssteine in „Edelsteinfarben“ bringen Mosaike zum Funkeln.*

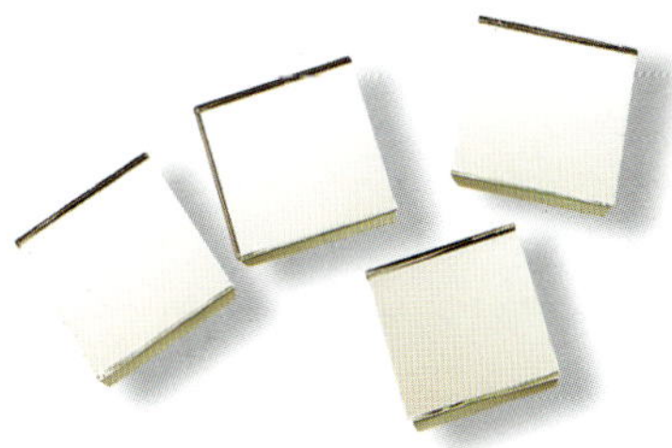

▲ *Quadratische Spiegel-Tesserae kann man auch mit Keramik- und Glasfragmenten kombinieren.*

▶ *Muscheln können in Motive integriert werden, eignen sich aber auch als dekorative Einfassung.*

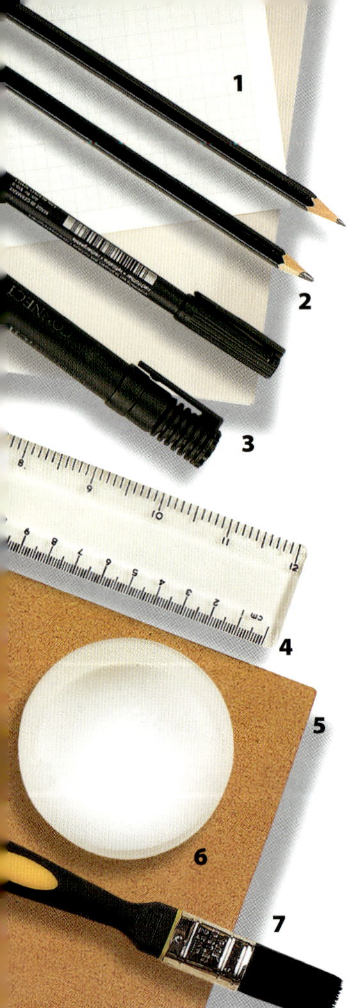

DAS WERKZEUG

Erschrecken Sie nicht über die vielen Werkzeuge und Utensilien, die auf diesen Seiten vorgestellt werden. Bei genauem Hinsehen werden Sie entdecken, dass Sie die meisten schon besitzen.

Neben den hier genannten Werkzeugen benötigen Sie reichlich alte Lappen zum Wischen und Polieren sowie Zeitungspapier zum Unterlegen beim Verfugen. Handfeger und Schaufel sollten ebenfalls griffbereit sein, um Scherben und Splitter zwischendurch aufzufegen.

Zum Zeichnen und Entwerfen

1 Weißes Papier zum Skizzieren, kariertes Papier für maßstäbliche Zeichnungen, Transparentpapier zum Übertragen der Motive auf die Grundplatte

2 Harte und weiche Bleistifte

3 Filzstifte zum Nachziehen von Konturen

4 Transparentes Lineal zum Zeichnen von Rastern

Grundplatten

5 MDF- oder andere Platten (siehe Seiten 38–39)

6 PVA-Leim (verdünnt, zum Grundieren)

7 Haushaltspinsel zum Auftragen der Grundierung

Schneidewerkzeuge

8 Fliesenbrechzange zum Teilen und Formen von kleinen Stücken und Rundungen (siehe Seiten 53–54)

9 Fliesenschneider mit Schiene für Haushaltsfliesen zum rechtwinkligen Anlegen, Schneiderad zum Anritzen der Glasur und mit erhöhter Kante zum Brechen

10 11 12 13 14

15 16

Klebstoff

10 PVA-Holzleim (siehe Seite 40)

11 Kleiner Pinsel zum Aufkleben der Tesserae auf den Untergrund

Fugenmaterial

12 Gefäß zum Anrühren der Fugenmasse

13 Wasser und Acrylfarbe zum Einfärben der Fugenmasse

14 Fertige Fugenmasse und Pulver zum Anrühren mit Wasser

15 Gummispachtel zum Auftragen

16 Schwamm zum Abwischen überschüssiger Fugenmasse

Sicherheit

17 Schutzbrille – beim Schneiden und Brechen von Fliesen wegen der Splittergefahr immer tragen!

18 Gummihandschuhe zum Arbeiten mit Fugenmasse

19 Atemschutz beim Arbeiten mit Maschinen und bei allen staubenden Arbeiten

18

17

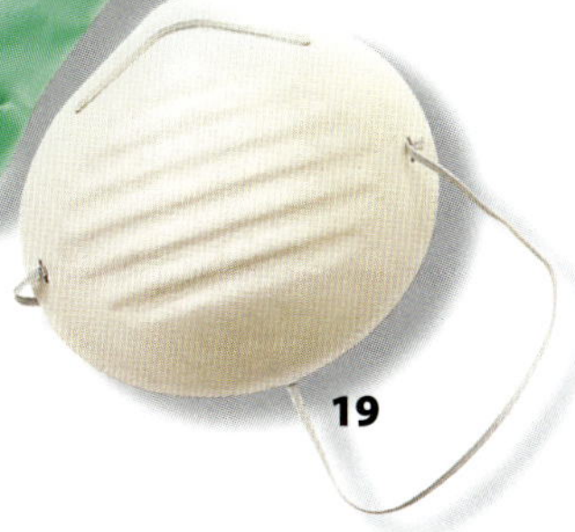

19

UNTERGRUND, KLEBER UND FUGEN

Das Gelingen eines Mosaiks steht und fällt mit der Wahl des richtigen Untergrunds und Klebers. Mit dem richtigen Klebstoff haften Mosaiksteinchen auf fast jedem Untergrund, selbst auf dreidimensionalen Gegenständen wie Vasen, Flaschen oder Möbeln.

Die meisten Mosaike in diesem Buch sind sicherheitshalber mit PVA-Leim auf einen Untergrund aus MDF-Platte geklebt.

▼ *Mit Mosaiken kann man allerlei Haushaltsgegenstände verzieren, etwa Blumentöpfe, Holzbilderrahmen oder Kästen zum Aufbewahren.*

MDF-Platte

MDF ist die Abkürzung für mitteldichte Faserplatte bzw. Medium Density Fibre Board. Diese industriell gefertigte Plattenware besteht aus feinen Holzfasern, die unter Druck und Hitze mit einem Bindemittel verschweißt sind. Das Plattenmaterial hat sich seit Jahren für Einbauschränke, Regale und Küchenelemente bewährt. Es wird in verschiedenen Stärken in Platten von maximal 2,4 x 1,2 m Größe angeboten. Viele Baumärkte schneiden Plattenware millimetergenau nach Kundenangaben zu.

MDF hat gegenüber Sperrholz und Tischlerplatten einige Vorteile. Es ist sehr stabil und verzieht sich nicht, sofern es nicht feucht wird. Die Oberfläche ist glatt, hat keine Maserung und nimmt Leim gut an. Das Material lässt sich gut sägen und bohren, mit einer Stich- oder Bandsäge kann man auch komplexe Formen zuschneiden. Allerdings sollten Sie nur in gut belüfteten Räumen sägen und bohren, weil der Staub die Atemwege reizen kann. Eine Atemschutzmaske ist bei staubenden Arbeiten sinnvoll.

Wenn eine MDF-Platte feucht wird, quillt sie auf und wellt sich. Ein Mosaik würde in diesem Fall abplatzen. Für den Außenbereich und für Feuchträume wie Bad oder Dusche sollten Sie aus diesem Grund Bootsbau-Sperrholz als Untergrund wählen.

Bootsbau-Sperrholz

Bootsbau-Sperrholz ist eine Alternative zur MDF-Platte. Sein eigentlicher Verwendungszweck verrät, dass es Feuchtigkeit gut verträgt und sich darum für den Außenbereich gut eignet. Bei Mosaiken im Freien muss außerdem darauf geachtet werden, dass Klebstoff, Fugenmasse und die Mosaiksteinchen selbst wetter- und frostbeständig sind. Alle sichtbaren Kanten der Grundplatte müssen mit einigen Schichten Klarlack vor Witterungseinflüssen geschützt werden.

KLEBSTOFFE

Damit ein Mosaik lange hält, müssen die dekorativen Steinchen mit dem geeigneten Klebstoff auf dem Untergrund befestigt werden.

▲ *Statt den Pinsel direkt in den Leimtopf zu tauchen, füllen Sie lieber etwas Leim in ein altes Schälchen ab.*

PVA-Leim

Zum Aufkleben der meisten Mosaiksteinchen auf Grundplatten aus Holz oder MDF ist PVA-Leim die richtige Wahl. Dieser Leim ist milchig weiß und wird beim Trocknen transparent. Das ist praktisch, denn so kann man den Leim bei der Arbeit genau sehen, während Leimspuren auf der Mosaikoberfläche später unsichtbar sind. PVA-Leim trocknet innerhalb weniger Stunden, also nicht so schnell, dass man bei der Arbeit unter Druck gerät.

◀ *PVA-Leim kann man in Bastelgeschäften und Baumärkten kaufen.*

Leim auftragen

Bestreichen Sie immer nur eine Fläche mit Leim, die Sie in relativ kurzer Zeit abdecken können. Am besten legen Sie die Mosaiksteinchen zuerst „trocken“ aus, um zu prüfen, ob sie gut in das Motiv passen. Solange der Leim noch feucht ist, kann man die Steinchen zwar wieder lösen, doch das Nachschneiden ist dann eine ziemlich schmierige Angelegenheit.

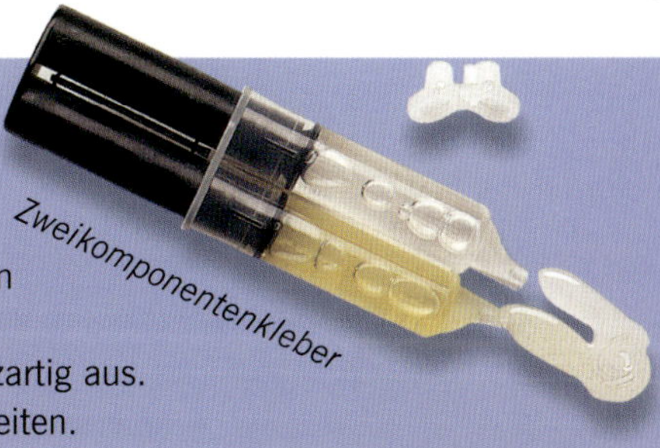

Spezialkleber

Zweikomponentenkleber

Manche Zwecke erfordern spezielle Kleber. Für Mosaike im Freien empfehlen sich Epoxidharze. Sie sind recht wetterfest und härten nach dem Trocknen harzartig aus. Allerdings sind sie schwieriger zu verarbeiten. Zweikomponentenkleber werden normalerweise vor der Verarbeitung gemäß der Herstellerangabe gemischt. Dabei muss man sehr sorgfältig vorgehen, damit diese Produkte zuverlässig abbinden. Epoxidharze härten erheblich schneller aus als PVA-Leim. Das bedeutet, dass man immer nur kleine Portionen anrühren kann und in mehreren Etappen arbeiten muss. Außerdem lassen sich Kleberreste schlecht von Händen und Werkzeugen entfernen.

Im Baumarkt werden Sie eine Reihe weiterer Klebstoffe finden, die sich für verschiedene Materialien wie Glas oder Keramik eignen, manche sind jedoch für Mosaike ungeeignet. Sekundenkleber beispielsweise trocknen so schnell, dass nicht genug Zeit zum akkuraten Ausrichten der Steinchen bleibt. Lesen Sie grundsätzlich vor der Verwendung eines Klebers die Herstellerhinweise und beachten Sie die Sicherheits- und Gesundheitsvorschriften.

Der Leim wird relativ dünn mit einem Spatel oder einem alten Pinsel auf die Grundplatte aufgetragen. Die Mosaiksteinchen sollen darauf haften, aber nicht schwimmen. Für feine Details oder kleine Steinchen können Sie den Leim auch mit dem Pinsel auf die Rückseite der Tesserae tupfen.

Es schadet nicht, wenn etwas Leim in die Fugen quillt. Er wird später von der Fugenmasse überdeckt. Leimflecken auf der Mosaikoberfläche sollten Sie allerdings vermeiden, weil dadurch das abschließende Säubern und Polieren des Mosaiks mühsamer wird.

Kleckse von PVA-Leim können vor dem Aushärten mit einem feuchten Tuch abgewischt werden. Nach dem Aushärten fühlt sich der Leim allerdings wie Plastik an und lässt sich mit einem Lappen auch durch kräftiges Reiben nicht mehr entfernen.

dunkle Fugen

graue Fugen

weiße Fugen

FUGENMASSE

Fugenmörtel

Den letzten Schliff bekommt ein Mosaik erst durch das Verfugen. Die Fugenmasse hält die Motivelemente zusammen – im konkreten und im übertragenen Sinn. Nach dem Abwischen der überschüssigen Fugenmasse werden Sie sehen, dass das Motiv eine optische Einheit bildet, wie sie vorher noch nicht zu erkennen war.

Für Mosaikbilder, die nicht strapaziert werden, kann man gebrauchsfertige Fugenmasse verwenden, die auch für Wandfliesen in der Wohnung geeignet ist. Solche Produkte sind überall für wenig Geld zu haben und sie lassen sich sehr leicht verarbeiten.

Farbige Fugen

Die Farbe der Fugen hat einen großen Einfluss auf die Gesamtwirkung eines Mosaiks. Gebrauchsfertige Fugenmasse ist meist weiß – das ist jedoch nicht immer die optimale Farbe. Relativ breite weiße Fugen können ein ansonsten dunkleres Motiv beispielsweise ungünstig „zerstückeln".

Mit Acrylfarben oder Abtönpasten auf Wasserbasis lässt sich weiße Fugenmasse aber einfärben. Mischen Sie in einem größeren, verschließbaren Gefäß, etwa einer ausgewaschenen Eiscreme-Verpackung, ausreichend Fugenmasse für Ihr ganzes Mosaik an. Es wäre ärgerlich, wenn Ihnen auf halbem Weg die Fugenmasse ausginge, denn es gelingt fast nie, einen Mischton exakt zu rekonstruieren. Weil fertige Fugenmasse weißes Pigment enthält, lassen sich nur Pastelltöne anmischen. Wer intensivere Farben wünscht, kann Fugenmörtel für farbige Wandfugen kaufen.

Bei den meisten Mosaiken stehen Sie mit einem mittleren Grauton auf der sicheren Seite. Dezentes Grau betont

Fugenmörtel

Für Außen- und Bodenmosaike, die stärker strapaziert werden, sollten Sie einen kunststoffvergüteten, flexiblen Fugenmörtel auf Zementbasis verwenden, der bei Temperaturschwankungen nicht so leicht reißt. Solche Produkte werden in Pulverform angeboten und mit Wasser angerührt. Sie sind normalerweise nur in wenigen Grautönen erhältlich und lassen sich nicht gut abtönen. Im Fachhandel findet man zuweilen auch farbigen Flex-Fugenmörtel, jedoch in wenigen Tönen und zu weitaus stattlicheren Preisen.

Zementfugen

die Farben des Mosaiks, statt mit ihnen zu konkurrieren. Das ist besonders wichtig bei Motiven mit einer großen Palette aus hellen und dunklen Farbtönen. Sie können das Grau auch bläulich oder rötlich eintönen oder – gut abgestimmt auf die Farben des Mosaiks – einen reinen Farbton für die Fugen wählen. Die verschiedenen Beispiele links und rechts verdeutlichen, wie die Fugenfarbe die Wirkung der Mosaikfläche beeinflusst.

Bei abstrakten Motiven oder Mosaiken in wenigen Farben können Fugen in einer Kontrastfarbe andererseits ein dekoratives Element darstellen. Dunkle Fugen bringen die Farben des Mosaiks zum Leuchten, sie können aber auch wie ein Netz über dem Motiv liegen. Helle, intensive Farben dagegen können sich mit den Mosaikfarben „beißen“ oder vom Motiv ablenken. Wer eine ungewöhnliche Fugenfarbe verwenden will, sollte ein kleines Teststück mit den geplanten Mosaikfarben herstellen.

weiße Fugen

mittelgraue Fugen

rote Fugen

blaue Fugen

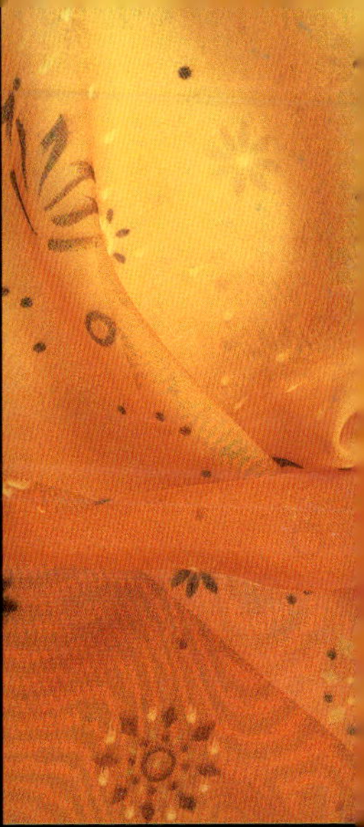

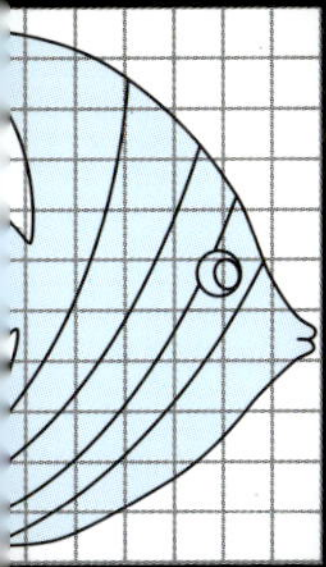

TECHNIKEN

In diesem Kapitel lernen Sie die Grundtechniken der Mosaikkunst kennen. Wenn Sie sie beherrschen, können Sie sich an die Projekte wagen, die im zweiten Teil des Buchs vorgestellt werden oder Ihre eigenen Ideen umsetzen.

Farbkontraste können sehr lebendig und attraktiv sein, wie in diesem bunten Tulpenstrauß.

Grußkarten sind eine gute Inspirationsquelle. Oft enthalten sie Motive oder Details, die sich als Mosaikvorlage eignen.

WIE SIE IDEEN SAMMELN

Ideen für neue, interessante Mosaike kann man überall finden. Halten Sie die Augen nach verschiedenen Inspirationsquellen auf, nicht nur nach anderen Mosaiken. Stoffe, Geschenkpapier, Tapeten, Grußkarten und sogar Lebensmittelverpackungen können Ideen liefern oder Anregungen für reizvolle Formen und ansprechende Farbkombinationen geben, die Ihnen noch nicht in den Sinn gekommen sind.

Legen Sie sich ein Skizzenbuch oder einen Ordner an, in dem Sie Fotos, Zeichnungen, Material- und Farbproben archivieren. Sammeln Sie alles, was Ihnen auf irgendeine Weise interessant erscheint,

Dieses kunterbunte Stofftier stand Pate für das Mosaik auf den Seiten 166–167.

◀ *Auf Stoffen und Geschenkpapier findet man oft Blumenmuster, die sich im Mosaik nachempfinden lassen.*

selbst wenn Sie noch nicht wissen, wofür Sie es später benutzen. Trödler und Flohmärkte sind wahre Fundgruben, denken Sie nur an Illustrationen in antiquarischen Büchern, an alte Postkarten oder Stoffmuster.

Oft sind Buch- oder Zeitschriftenillustrationen allerdings zu komplex, um sie im Mosaik nachzuempfinden. Überlegen Sie, wie sich die Struktur vereinfachen lässt, oder wählen Sie einen Teilbereich, den Sie vergrößern und als abstraktes Motiv verwenden.

Kinderzeichnungen sind häufig herrlich unkompliziert. Sie eignen sich sehr gut als Mosaikvorlage. Sehen Sie sich im Haus einmal um, vielleicht finden Sie auch Zeichnungen oder andere „Erbstücke" mit besonderem Erinnerungswert. Das Mosaik des Engels auf Seite 243 beispielsweise entstand in Anlehnung an ein Bild, das mein Vater früher gemalt hat und das in meiner Kindheit in meinem Zimmer hing.

▲ *Musterbücher wie diese Fliesen- und Teppichkataloge enthalten zahlreiche wertvolle Anregungen.*

▶ *Diese Muster haben klare Konturen, aber dennoch interessante Strukturen, die man gut abpausen kann.*

GESTALTEN MIT FARBEN

Eines der besten Hilfsmittel in der Entwurfphase ist der Farbkreis. Er verdeutlicht, wie die verschiedenen Farben miteinander harmonieren oder kontrastieren. Farbkreise werden von vielen kreativen Berufsgruppen benutzt, wie von Innenarchitekten, Malern, Grafikern, Modedesignern und sogar Gartenarchitekten.

Wenn ein Maler einen Farbkreis zu Papier bringt, gehen alle Farben fließend und ohne erkennbare Brüche ineinander über. Der Mosaikkünstler muss sich auf die verfügbaren Farben seiner Materialien beschränken, dennoch kann er den Farbkreis problemlos auch in seinem Metier anwenden.

So funktioniert der Farbkreis

Die Primärfarben Rot, Blau und Gelb sind gleichmäßig über den Kreis verteilt. Diese Primärfarben kann man nicht durch Mischung anderer Farben erhalten. Dazwischen liegen – ebenfalls gleichmäßig verteilt – die Sekundärfarben, die man erhält, wenn man zwei Primärfarben zu gleichen Anteilen mischt. Orange liegt zwischen Rot und Gelb, Violett liegt zwischen Rot und Blau, Grün liegt zwischen Blau und Gelb. Zwischen den Primär- und den Sekundärfarben befinden sich Mischtöne mit ungleichen Anteilen der Primärfarben. Von Orange zu Rot nimmt der Rotanteil des Orange allmählich zu,

Der Farbkreis, der die Beziehungen zwischen den Farben verdeutlicht, wird von Künstlern vieler Disziplinen als Hilfsmittel verwendet.

von Grün zu Gelb nimmt der Grünanteil langsam ab. Im Umfeld von Blau liegen auf dem Farbkreis die kühlen Farben – Blau, Violett und Grün. Auf der anderen Seite liegt der Bereich der warmen Farben – Gelb, Orange und Rot. Diese Farbtemperatur wirkt sich auf die Stimmung aus, die Farben vermitteln. Kühle Farben gelten als beruhigend, während warme Farben anregen und Energie versprühen, durch die ein dekoratives Stück manchmal auch aufdringlich wirken kann.

Orange

Gelb

Grün

kühle Farben

KÜHLE UND WARME FARBEN

Warme Farben scheinen sich dem Betrachter zu nähern, während kühle eher vor dem Auge zurückweichen. Auch dieses Wissen spielt für die Farbwahl im Mosaik eine Rolle.

Blau

Rot drängt sich vor und Blau weicht zurück.

warme Farben

Komplementärfarben

Der Farbkreis zeigt auch an, welche Farben miteinander kontrastieren. Diese so genannten Komplementärfarben liegen einander auf dem Kreis gegenüber: Blau und Orange, Rot und Grün, Gelb und Violett. Verwendet man als Hintergrund die Komplementärfarbe zur Farbe des Motivs, wird der Vordergrund durch diesen Kontrast hervorgehoben. Dieser Effekt fällt noch stärker aus, wenn beide Farben den gleichen Tonwert haben, also keine schwächer als die andere ist. Nicht immer ist dann Motivklarheit noch gegeben, daher sollte man solche Kontraste mit Bedacht einsetzen.

◀ *Der Farbkreis erleichtert die Farbwahl.*

◀ *Wer Stoffmuster als Anregung für Mosaike wählt, kann die Farbkombinationen nachempfinden oder eigene Zusammenstellungen wählen.*

Gestalten mit Farben

Wer gelungene Farbkombinationen entwickeln will, sollte mit verschiedenen Möglichkeiten experimentieren, bevor er den ersten Tropfen Leim fließen lässt. Der Farbkreis ist eine gute Entscheidungshilfe. Spielen Sie mit Gruppen verschiedenfarbiger Mosaiksteinchen, um auszuprobieren, welche Effekte durch Veränderung der Farbtemperatur oder durch gezieltes Einsetzen von Kontrastfarben möglich sind. In diesem Buch finden Sie eine Reihe von Beispielen, wie aus einer einzigen Motivvorlage allein durch eine veränderte Farbgebung völlig unterschiedliche Mosaike entstehen können (siehe Seiten 182–183).

Denken Sie auch daran, dass neben der Farbe des Motivs selbst die Fugenfarbe großen Einfluss auf die Wirkung hat. Jedes einzelne Mosaiksteinchen ist von Fugen umgeben und reagiert mit deren Farbe – darum kann die Wahl der Fugenmasse die wichtigste Farbentscheidung sein (siehe Seiten 42–43). Beziehen Sie die Fugen von Anfang an in Ihre Überlegungen zur Farbgebung ein.

▲ *Diese beiden Dinosaurier wurden nach der gleichen Vorlage gearbeitet (siehe Seite 182), wirken aber durch die Farbgebung völlig unterschiedlich.*

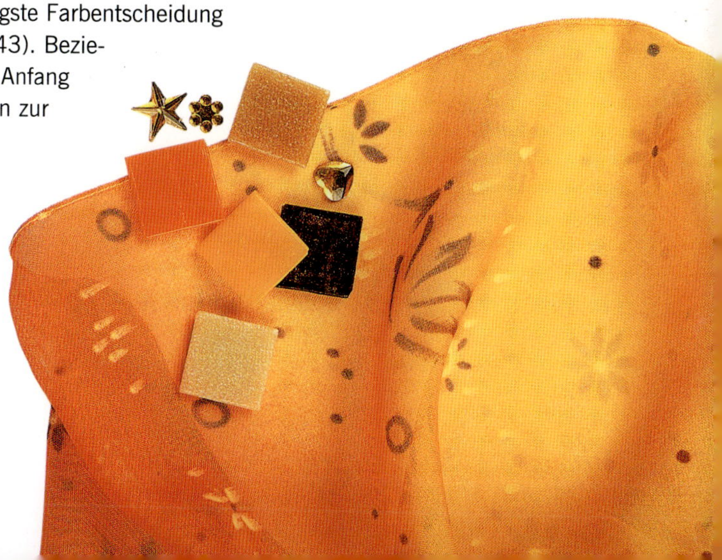

▶ *Wer versucht, zu einem Farbmuster die passenden Mosaiksteinchen zu finden, erkennt die Vielfalt der Farbtöne.*

MOTIVVORLAGEN VERGRÖSSERN

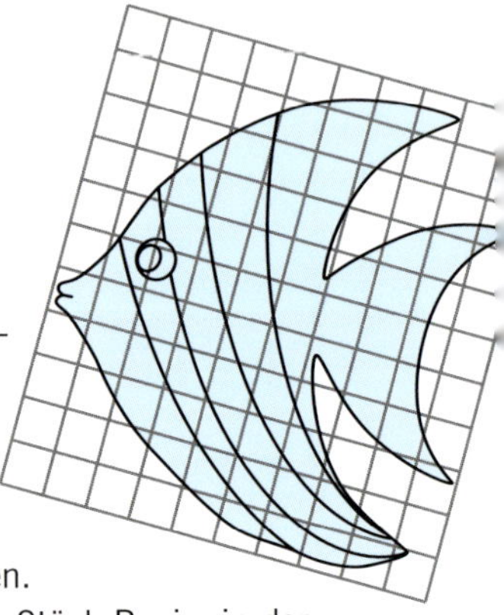

Zum Vergrößern von Motivvorlagen empfiehlt sich die Rastermethode. Die Vorlagen in diesem Buch sind bereits mit einem Raster versehen. Wenn Sie eine andere Vorlage verwenden, zeichnen Sie das Raster entweder direkt auf die Vorlage oder – wenn das Original unversehrt bleiben soll – auf ein Stück Transparentpapier, das Sie darüber legen.

Für die Übertragung auf das Mosaik zeichnen Sie auf ein Stück Papier in der Größe des geplanten Mosaiks ein Raster mit der gleichen Anzahl Kästchen in Längs- und Querrichtung. Wenn das Mosaik größer als die Vorlage sein soll, entscheiden Sie sich zunächst für einen Vergrößerungsfaktor (z.B. fünffache Vergrößerung) und zeichnen ein Raster mit der gleichen Anzahl von Kästchen in fünffacher Originalgröße vor. Bei großen Rastern kann es hilfreich sein, an den Rändern Nummern anzuzeichnen.

1 ▸ Zeichnen Sie das Raster in Mosaikgröße mit einem transparenten Kunststofflineal, damit Sie die Linien besser sehen können.

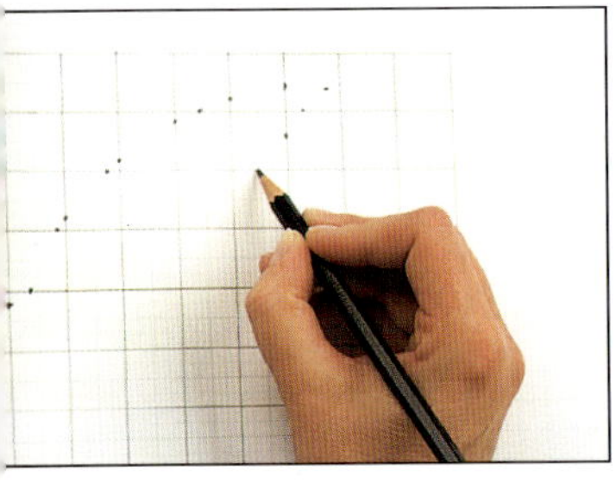

2 ▴ Wenn das Raster fertig ist, sehen Sie in der Vorlage nach, wo eine wichtige Motivlinie die Rasterkästchen schneidet. Markieren Sie die entsprechende Stelle im vergrößerten Raster durch einen Punkt. Übertragen Sie auf diese Weise alle markanten Punkte des Motivs auf das größere Raster.

3 ▾ Dann werden die Punkte verbunden, um die Motivkonturen zu vervollständigen. Wenn ein Punkt mitten in einem Kästchen liegt, messen Sie zunächst die Abstände zu den Rasterlinien in der Vorlage nach. Multiplizieren Sie anschließend die Maße mit dem Vergrößerungsfaktor, um den entsprechenden Punkt in der vergrößerten Version, also dem Mosaik, zu finden. Tragen Sie den Punkt dann in die Mosaikversion ein.

FLIESEN UND MOSAIK-STEINCHEN SCHNEIDEN

Das exakte Schneiden von Fliesen und Mosaiksteinchen braucht etwas Übung. Mit dem richtigen Werkzeug und ein bisschen Geduld kann aber jeder die Technik schnell erlernen.

Tesserae schneiden

Glas-Tesserae sind spröde und können wegen ihrer geringen Größe nur mit einer Fliesenbrechzange geschnitten werden. Das verlangt etwas Fingerspitzengefühl, weil der Druck auf die Zangengriffe mit leichtem Abwärtsdruck auf die obere Zangenbacke kombiniert werden muss. Beim Versuch, Glassteinchen nur durch Hebelkraft zu schneiden, splittern die Plättchen leicht.

Um Kreise und andere gerundete Formen zu erhalten, bricht man den Rand der Tesserae am besten mit der Fliesenbrechzange Stück für Stück ab.

Fliesen schneiden

Zum Schneiden von Haushaltsfliesen gibt es verschiedene Werkzeuge. Wie man sie verwendet, lesen Sie auf den folgenden Seiten.

1 ▲ Eine Metallschiene am vorgesehenen Schnitt anlegen und die Glasur über die gesamte Länge der Fliese mit einem Glasschneider anritzen.

2 ▼ Dann eine Fliesenbrechzange ansetzen und leicht zudrücken – die Fliese bricht entlang der angeritzten Linie.

3 ◀ So schneiden Sie mehrere Streifen gleicher Breite zu.

4 ▶ Mit der Brechzange werden die Streifen nun in Stücke gleicher Länge geteilt. Anfangs sollten Sie Hilfslinien mit einem wasserlöslichen Filzstift vorzeichnen, später können Sie auch nach Augenmaß arbeiten.

5 ▶ Kreise und Rundungen zeichnet man mit einem wasserlöslichen Filzstift an, bevor man das überschüssige Material mit der Zange Stück für Stück entfernt.

6 ▶ Um Dreiecke zu schneiden, wird die Zange schräg angesetzt.

7 ▼ Für Rundungen sind Mosaiksteinchen mit trapezförmigem Zuschnitt erforderlich. Probieren Sie aus, wie die Kanten abgeschrägt werden müssen, um den gewünschten Bogen zu erreichen. Für enge Bögen braucht man recht spitze Formen, für weite Bögen können die Formen eher einem Quadrat ähneln.

EIN MOSAIK LEGEN

Alle Mosaike in diesem Buch sind nach der so genannten direkten Methode verlegt. Das bedeutet, die Tesserae werden direkt auf den Untergrund geklebt und anschließend verfugt. Dies ist die einfachste Methode zum Gestalten eines Mosaiks.

Die folgende Schritt-für-Schritt-Anleitung zeigt, wie das Motiv von den Seiten 240–241 gearbeitet wird, sie lässt sich aber problemlos auf alle anderen Motive übertragen.

Vorbereitungen

1 ▶ Zuerst brauchen Sie eine deutliche Zeichnung des Motivs. Die Vorlagen aus diesem Buch müssen vergrößert werden. Auf Seite 52 lesen Sie, wie Sie dabei vorgehen. Wenn Sie ein Motiv selbst entwerfen oder von einer anderen Vorlage abzeichnen, sollten Sie mit Bleistift arbeiten, um Korrekturen vornehmen zu können. Der Entwurf muss die Größe des geplanten Mosaiks haben, die Zeichnung soll aus einfachen Linien bestehen und recht schlicht aussehen. Zu viele kleinteilige Details sind mit Mosaiksteinchen schwierig zu gestalten. Das gezeichnete Motiv darf ruhig „kahl" wirken, denn es wird durch Tesserae und Fugen automatisch lebendiger.

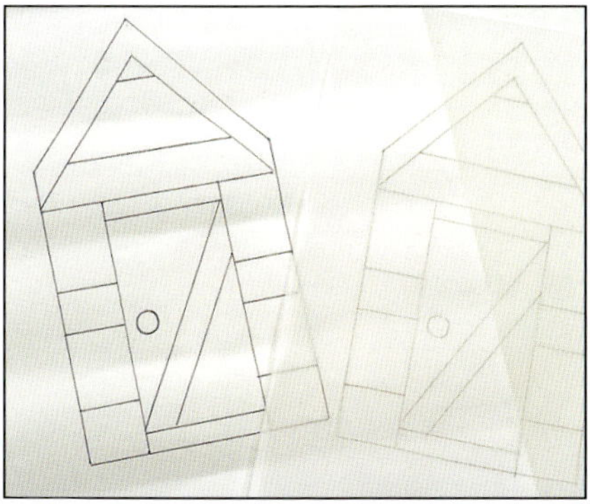

2 ◀ Ist die Entwurfszeichnung fertig, fixieren Sie sie mit Klebeband auf der Arbeitsplatte und legen Transparentpapier darüber, das ebenfalls festgeklebt wird. Keine Papierlage darf verrutschen. Nun das Motiv sorgfältig mit einem harten Bleistift durchpausen.

3 ▶ Anschließend das Transparentpapier wenden, wieder fixieren und die Motivkonturen mit einem weichen Bleistift (B6) nachziehen. Diese Bleistiftlinien übernehmen später, wenn Sie das Motiv dann auf den Untergrund übertragen (in Schritt 5), die Funktion von Durchschreibepapier.

4 ▼ Nun die Grundplatte in passender Größe zuschneiden. Sägen Sie die Platte nicht erst nach dem Aufkleben des Mosaiks, sonst riskieren Sie Schäden am Motiv. Um die Saugfähigkeit des Untergrunds zu reduzieren, wird mit einem Haushaltspinsel verdünnter PVA-Leim (1:1) aufgestrichen. Gut trocknen lassen.

5 ▶ Das Transparentpapier so auf die Platte legen, dass die weichen Bleistiftlinien unten liegen, und wieder mit Klebeband fixieren. Die Motivkonturen mit dem harten Bleistift nachzeichnen, um das Graphit auf den Untergrund durchzudrücken. Anschließend das Papier vorsichtig anheben und Linien, die zu schwach ausgefallen sind, deutlicher nachzeichnen.

Das Mosaik aufkleben

6 ▶ Nun die Tesserae auf die passende Größe schneiden (siehe Seiten 53–54). Bearbeiten Sie einen Farbbereich nach dem anderen und legen Sie die Steinchen zuerst lose auf den Untergrund, um zu prüfen, ob sie ins Motiv passen.

7 ▶ Auffällige Elemente wie die runden Türgriffe müssen besonders sorgfältig zugeschnitten werden. Stellen Sie sich darauf ein, dass einige Steinchen zu Bruch gehen, bevor der Zuschnitt gelingt. Es ist besser, misslungene Teilchen wegzuwerfen, als sich später über ein Mosaik mit unsauber geschnittenen Konturen zu ärgern.

8 ◀ Ist ein Bereich des Mosaiks ausgelegt, können die Tesserae verklebt werden. Tupfen Sie behutsam mit einem kleinen Pinsel etwas unverdünnten Leim auf die Rückseite jedes Steinchens und halten Sie beim Aufkleben Abstände von etwa 2 mm ein, die später mit Fugenmasse ausgefüllt werden. Leim, der dennoch auf die Oberfläche des Mosaiks quillt, muss sofort mit einem feuchten Tuch abgewischt werden.

9 ◀ Vor allem bei symmetrischen Motiven kommt es auf einen möglichst exakten Zuschnitt der Tesserae an. Bei geraden Streifen sollten Sie die Breite jedes Steinchens mit den vorher fixierten vergleichen und gegebenenfalls korrigieren, bevor Sie es aufkleben.

10 ▸ Kleine Details, die schwierig zu schneiden sind, werden erst am Ende eingefügt. Es ist einfacher, diese kleinen Teilchen in Lücken einzusetzen, als sie zu Anfang der Arbeit korrekt auf der Platte zu platzieren.

11 ▾ Prüfen Sie zwischendurch, ob alle Linien des Motivs korrekt verlaufen. Einzelne Tesserae kann man mit einem alten Schraubendreher lösen, solange der Leim noch nicht ausgehärtet ist. Ist der Leim trocken, besteht das Risiko, die umgebenden Mosaiksteinchen zu beschädigen. Sind alle Steinchen korrekt aufgeklebt, muss das Mosaik vor dem Verfugen mindestens einen Tag lang trocknen.

Das Mosaik verfugen

12 ▸ Wer noch nie mit Fugenmasse gearbeitet hat, sollte die Informationen auf den Seiten 42–43 genau durchlesen. In den meisten Fällen sind graue Fugen günstiger als farbige. Falls Sie Fugenmasse abtönen wollen, geben Sie zuerst etwas Farbe oder Pigment in das Mischgefäß.

13 ◂ Dann die Fugenmasse in das Gefäß füllen. Die Abbildung zeigt gebrauchsfertige Fugenmasse. Mörtelprodukte müssen zuerst mit Wasser angerührt werden, bevor sie zur Farbe gegeben werden. Vermischen Sie Fugenmasse und Pigment sehr gründlich, damit der Farbton einheitlich ausfällt. Rühren Sie unbedingt ausreichend Masse zum Verfugen des gesamten Mosaiks an, denn es ist sehr schwierig, exakt den gleichen Farbton noch einmal anzumischen.

14 ▶ Die Fugenmasse in kleinen Portionen auf das Mosaik geben und mit dem Gummispachtel langsam und sorgfältig in die Fugen drücken.

15 ▲ Die Fugenmasse auf der Fläche hin und her schieben und kräftig mit dem Gummispachtel aufdrücken, um sicherzugehen, dass alle Fugen gefüllt werden. Überschüssige Fugenmasse zum Schluss mit dem Gummispachtel von der Mosaikfläche schaben.

16 ▲ Anschließend das Mosaik mit einem feuchten Schwamm abwischen. Dabei darf der Schwamm nicht zu nass sein, da Sie ansonsten den feuchten Mörtel wieder aus den Fugen herauswischen könnten. Nach etwa einer halben Stunde beginnt die Fugenmasse abzubinden. Nun können Sie den Zementschleier vorsichtig mit einem trockenen, weichen Lappen vom Mosaik abwischen. Nach dem völligen Aushärten der Fugen wird das Mosaik mit einem trockenen Tuch poliert.

▶ *Das fertige Mosaik. Auf den Seiten 240–241 können Sie es in anderen Farbzusammenstellungen sehen.*

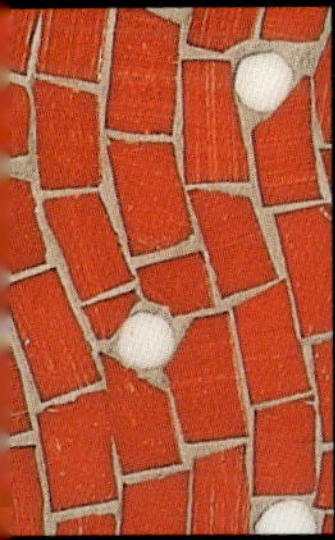

MOTIV-ÜBERSICHT

Auf den folgenden Seiten finden Sie einen verkleinerten Überblick aller Motive, die ausführlich ab Seite 76 vorgestellt werden. An welchen Motiven bleibt Ihr Blick beim Durchblättern der Seiten hängen? Sie können die Mosaike exakt nacharbeiten oder die Farben ganz nach Ihrem Geschmack verändern.

MUSTER UND BORDÜREN

SEITE 76

SEITE 77

SEITE 78

SEITE 79

SEITE 79

SEITE 80

SEITE 81

SEITE 82

SEITE 83

SEITE 84

SEITE 85

SEITE 85

SEITE 86

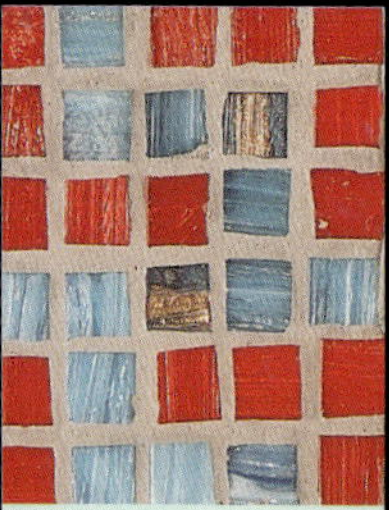

SEITE 86

SEITE 87

SEITE 88

SEITE 89

SEITE 90

SEITE 90

SEITE 91

SEITE 92

SEITE 93

SEITE 94

SEITE 95

Seite 81

SEITE 96

SEITE 97

SEITE 98

SEITE 99

SYMBOLE

SEITE 100

SEITE 101

SEITE 102

SEITE 103

SEITE 104

SEITE 105

SEITE 106

SEITE 107

SEITE 108

SEITE 109

SEITE 110

SEITE 111

SEITE 112

SEITE 113

SEITE 114

SEITE 115

BUCHSTABEN UND ZAHLEN

SEITE 116

SEITE 117

SEITE 117

SEITE 118

SEITE 118

SEITE 119

SEITE 119

SEITE 120

SEITE 120

SEITE 121

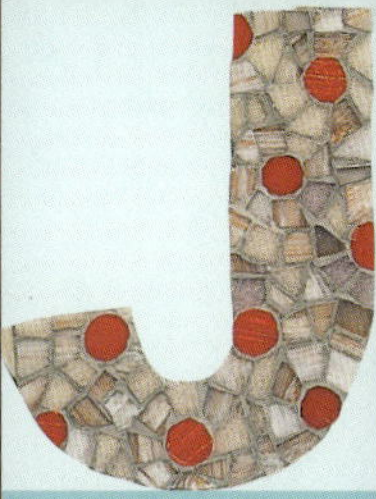

SEITE 121

SEITE 122

SEITE 122

SEITE 123

SEITE 123

SEITE 124

SEITE 124

SEITE 125

SEITE 125

SEITE 126

SEITE 126

SEITE 127

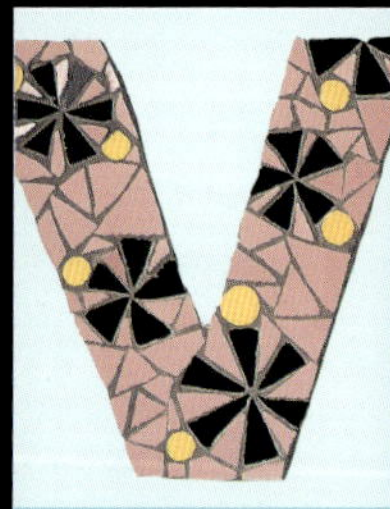
SEITE 127

SEITE 128

Seite 126

SEITE 128

SEITE 129

SEITE 129

SEITE 130

SEITE 131

SEITE 131

SEITE 133

SEITE 133

SEITE 133

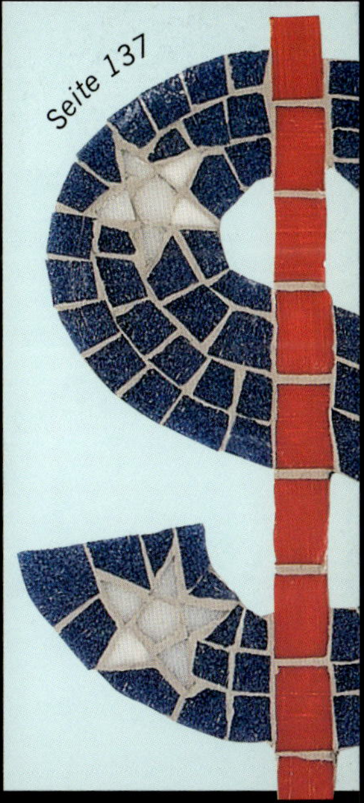

SEITE 134

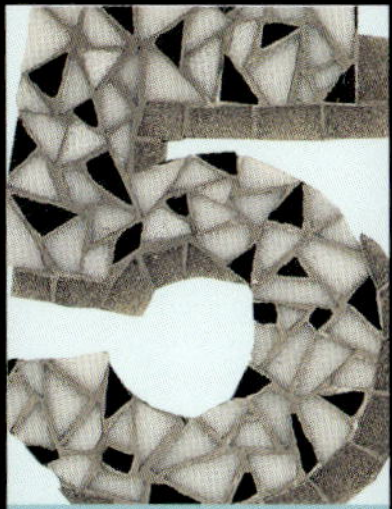
SEITE 134

SEITE 134

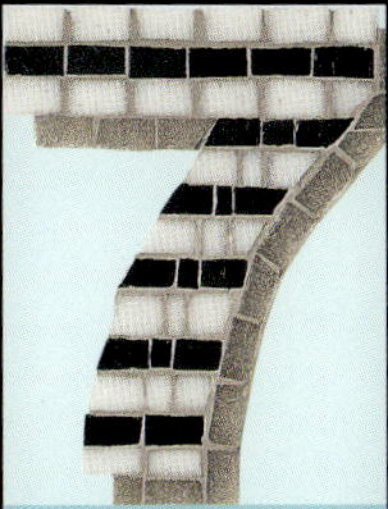
SEITE 135

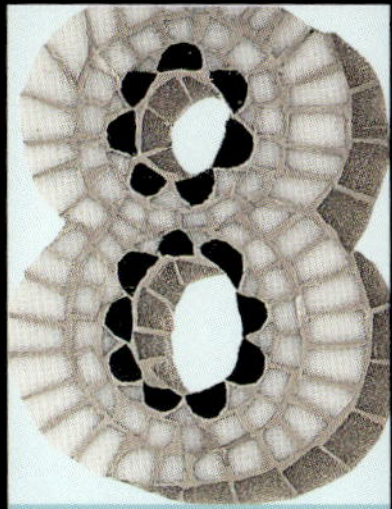
SEITE 135

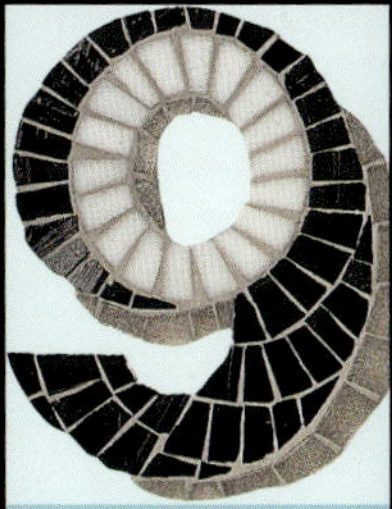
SEITE 135

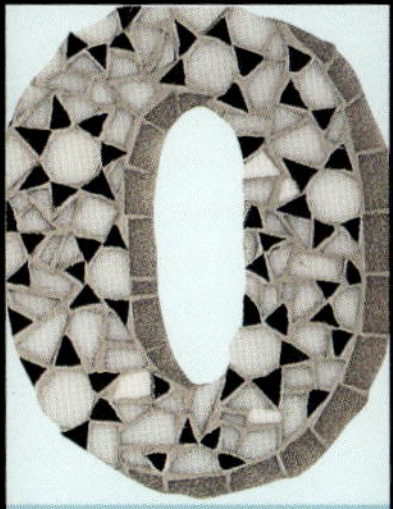
SEITE 135

SEITE 136

SEITE 136

SEITE 137

SEITE 137

TIERMOTIVE

SEITE 138

SEITE 139

SEITE 140

SEITE 141

SEITE 142

SEITE 143

SEITE 144

SEITE 145

SEITE 146

SEITE 147

SEITE 148

SEITE 149

SEITE 150

SEITE 151

SEITEN 152–153

SEITE 154

SEITE 155

SEITE 156

SEITE 157

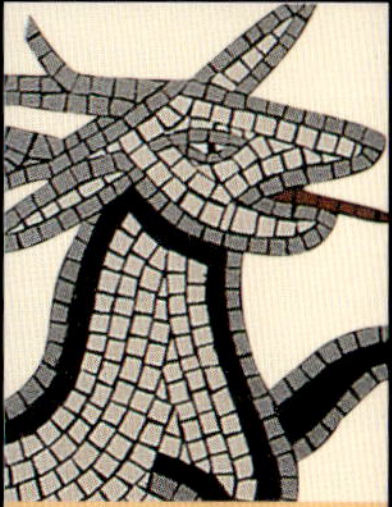
SEITE 158

SEITE 159

SEITE 160

SEITE 161

SEITEN 162–163

UNTERWASSER-WELT

SEITE 164

SEITE 165

SEITEN 166–167

SEITE 168

SEITE 169

Seite 169

SEITE 170

SEITE 171

SEITE 172

SEITE 173

SEITE 174

SEITE 175

KINDERMOTIVE

SEITE 176

SEITE 177

SEITE 178

SEITE 179

SEITE 180

SEITE 181

SEITE 182

SEITE 183

SEITE 184

SEITE 185

SEITE 186

SEITE 187

SEITE 188

SEITE 189

BLÜTEN UND BLÄTTER

SEITE 190

SEITE 191

Seite 198

SEITE 192

SEITE 193

SEITE 194

SEITE 195

SEITE 195

SEITE 196

SEITE 197

SEITE 198

SEITE 199

SEITE 199

SEITE 200

SEITE 201

SEITE 202

SEITE 202

SEITE 203

SEITEN 204–205

SEITE 206

SEITE 207

SEITE 208

SEITE 209

MENSCHEN

SEITE 210

SEITE 211

SEITE 212

SEITE 213

SEITE 214

SEITE 215

SEITE 216

SEITE 217

SEITE 218

SEITE 219

SEITE 220

SEITE 221

SEITE 222

SEITE 223

SEITE 224

SEITE 225

STILLLEBEN

SEITE 226

SEITE 227

SEITE 228

SEITE 229

SEITE 230

SEITE 231

SEITE 232

SEITE 233

Seite 227

SEITE 234

SEITE 235

GEBÄUDE

SEITE 236

SEITE 237

SEITE 238

SEITE 239

SEITEN 240–241

FESTLICHE MOTIVE

SEITE 242

SEITE 243

SEITE 244

SEITE 245

SEITE 246

SEITE 247

SEITE 248

SEITE 249

Seite 247

MUSTER UND BORDÜREN

Muster und Bordüren eignen sich besonders gut für Mosaik-Anfänger, weil man daran das Geschick und das Verständnis für die Arbeitsweise und die Möglichkeiten des Materials trainieren kann. Viele der hier vorgestellten Muster sind ganz einfach, manchmal müssen die Mosaiksteinchen nicht einmal geschnitten werden. Trotzdem ergeben sich durch die Farbwahl oder durch leichte Veränderungen der Positionen oder Rapporte immer neue Variationsmöglichkeiten. Diese Muster eignen sich insbesondere dazu, Mosaikmotive einzurahmen, können aber auch nach traditionellem Vorbild als eigenständige Dekoration für Wände oder Fußböden dienen.

RINGELREIHEN

Alle Figuren dieser Bordüre sind einfache Variationen eines Grundmotivs. In der runden Anordnung eignet sich das Mosaik als Rahmen für ein Bild, einen Spiegel oder eine Uhr. Ein ideales Projekt für Fliesenreste!

FARBEN
Freie Wahl

Vorlage

Sie können die Figuren für eine konventionelle, gerade Bordüre verwenden oder auch kreisförmig anordnen.

Völlig anders wirkt dieses Mosaik, wenn man die Figuren mit einem dunklen Hintergrund kombiniert, vielleicht einem kräftigen Ultramarinblau. Dadurch bekommen helle Farben mehr optischen Zusammenhalt.

SPIRALMUSTER

Die ganze Kunst beim Entwerfen dieser Muster liegt im Zeichnen einer akkuraten Spirale. Danach müssen nur noch die Tesserae passend geschnitten und glatt aneinander gefügt werden, bevor Sie sie mit Kreisen, Punkten, Blättern, Blüten oder anderen Details Ihrer Wahl dekorieren.

Arbeiten Sie von der Mitte nach außen. Zuerst wird die Spirale selbst ausgeformt, erst dann wird sie verziert.

KOMBI-TIPP

Diese Motive eignen sich sehr gut als Hintergrund für die Rakete auf Seite 178.

Vorlage

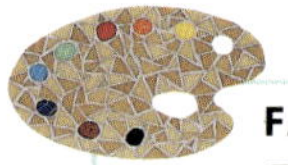

FARBEN

Vorlage

FARBEN

Auch bei diesem Spiralmuster mit Blütenmotiven beginnen Sie in der Mitte. Probieren Sie einmal, die Blätter und Früchte nach außen hin allmählich größer werden zu lassen.

Vorlage

FARBEN

HERZEN

Das Herz ist ein klassisches Motiv, das sich vielfältig verändern lässt. Hier sehen Sie es in verschiedenen Proportionen – einmal lang und schlank, auf der nächsten Seite breit und füllig. Auch die Verlegetechniken unterscheiden sich. Auf dieser Seite folgen die Tesserae den Umrissen, auf der nächsten Seite sind sie geradlinig angeordnet.

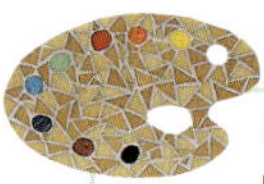

FARBEN

Für Kleeblätter wie diese werden zuerst die Achsen gezeichnet und dann die Herzen darauf ausgerichtet. Sie könnten auch sechs oder acht Herzen im Kreis anordnen. Um die Achsen gleichmäßig zu verteilen, sollten Sie einen Winkelmesser benutzen. Für sechs Herzen muss der Winkel zwischen den Achsen 60° betragen, für acht Herzen beträgt er 45°.

Vorlage

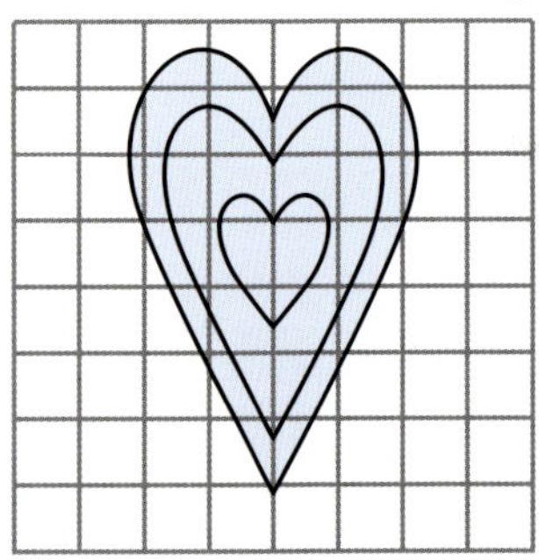

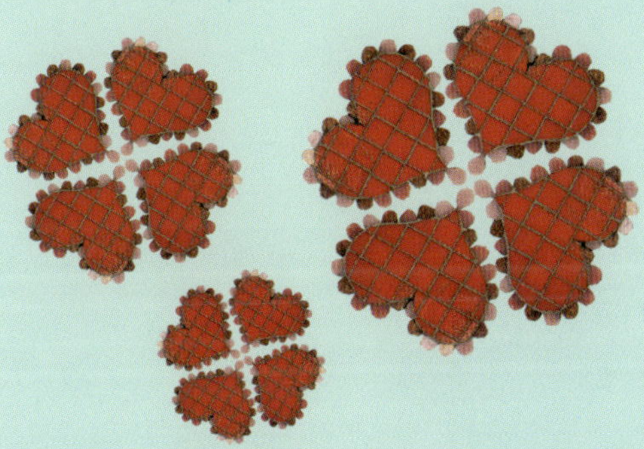

Vorlage

Um die Fläche symmetrisch auszufüllen, beginnen Sie in der Mitte. Zuerst werden die ganzen Mosaiksteinchen verlegt, dann schneiden Sie die übrigen passend zu. Zum Schluss fügen Sie die Umrahmung aus Bögen und den Tropfen an der Spitze hinzu.

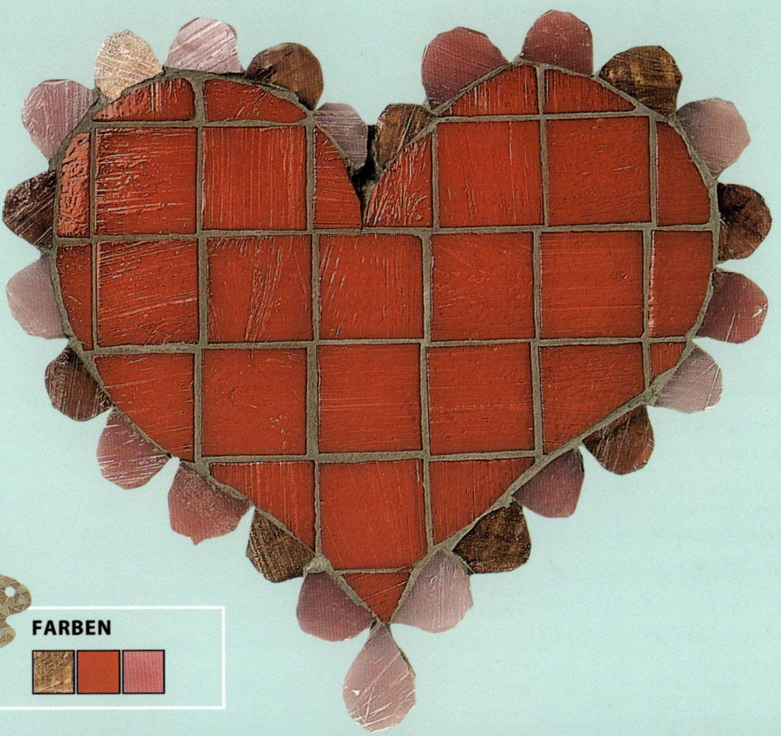

FARBEN

PAISLEY-MUSTER

Das klassische Paisley-Muster mit der Blatt- oder Tropfenform stammt ursprünglich aus Indien, seinen Namen trägt es aber nach der schottischen Stadt, deren Weber dieses Motiv im 19. Jahrhundert weltweit bekannt machten. Das Motiv aus konzentrischen Formen wird von innen nach außen gearbeitet. Die einfache Version auf dieser Seite bietet sich für Rapporte an, die man auch von den traditionellen Stoffen kennt. Das zweite Beispiel mit der Tropfenverzierung am Rand ist etwas aufwändiger.

Vorlage

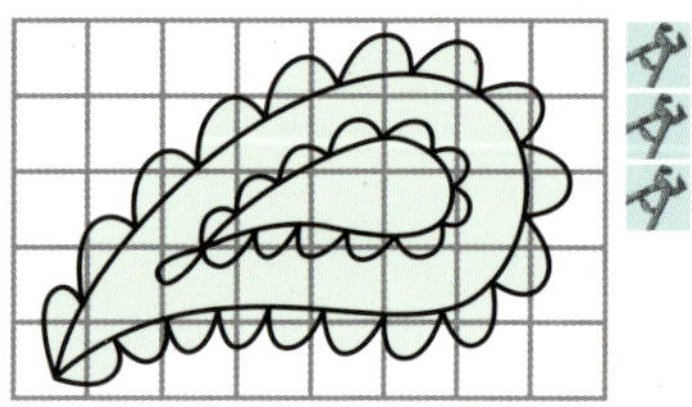

Dieses einfache Paisley-Motiv eignet sich gut für Rapporte. Man kann es drehen und durch einfaches Wenden der Transparentpapier-Vorlage spiegeln, um nach dem Vorbild traditioneller Stoffe immer neue Kombinationen aufzubauen.

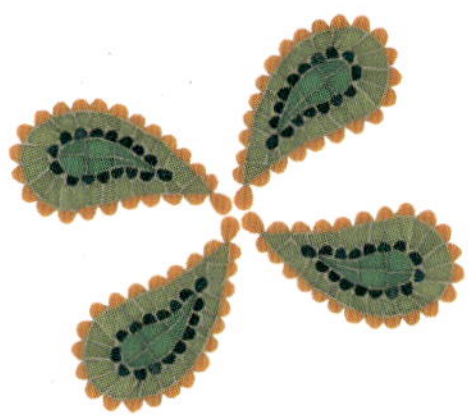

FARBEN

Vorlage

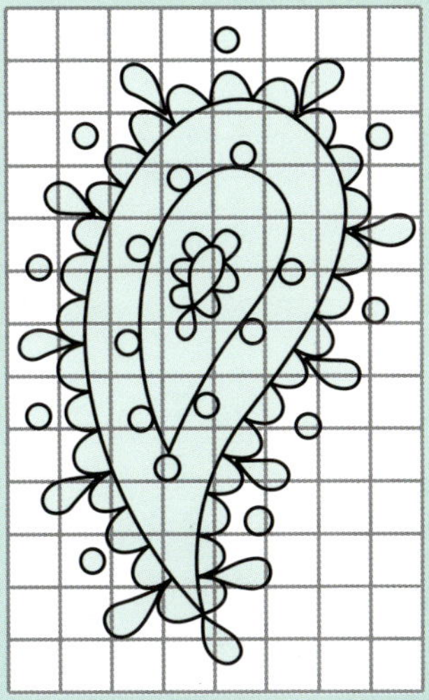

Dieses Paisley-Motiv ist etwas komplizierter aufgebaut. Umrahmt von strahlenförmigen Tropfen, eignet es sich beispielsweise gut als Zentrum eines größeren Musters.

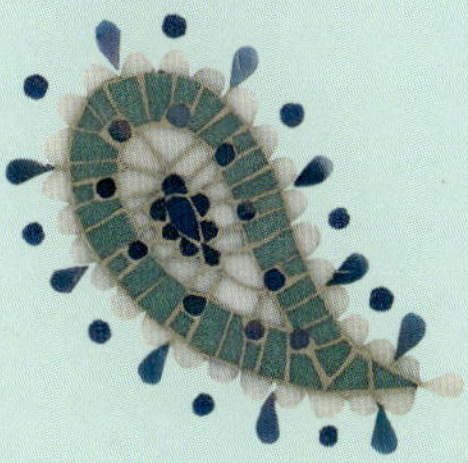

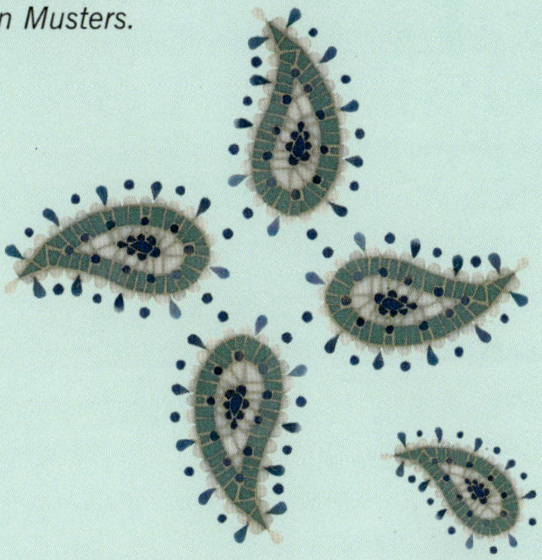

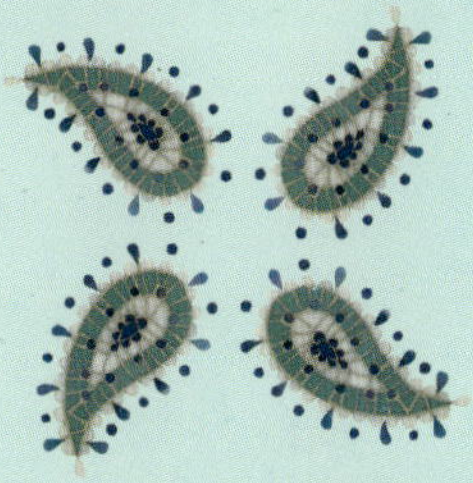

FARBEN

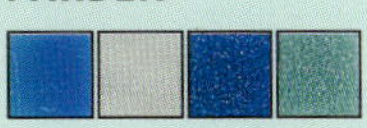

BORDÜREN

Die Bordüren, die Sie auf den folgenden Seiten sehen, gehen auf keltische, römische und maurische Vorlagen zurück. Trotz ihrer Jahrhunderte langen Tradition sind sie zeitlos, weil sie durch die Farbgebung immer wieder anders wirken können. Man kann sie verwenden, um ein Motivmosaik einzurahmen, aber auch als eigenständiges Dekorelement in einer einfarbig gefliesten Wand oder Arbeitsfläche.

RAUTENBORDÜRE

Das Rautenmuster ist einfach zu verlegen, weil fast nur ganze Tesserae verarbeitet werden. Wählt man für Vordergrund und Hintergrund weniger kontrastreiche Farben, wirkt das Muster völlig anders. Denkbar wäre auch, helle Rauten mit dunklem Hintergrund zu kombinieren oder für jede Raute eine andere Farbe zu verwenden.

Durch den schrägen Fugenverlauf kommt diese Bordüre besonders als Einfassung für eine Fläche zur Geltung, deren Fliesen in geraden Linien verlegt sind.

FARBEN

Hier wurde für die Fugen ein Farbton gewählt, der zwischen denen des Vorder- und Hintergrunds liegt. Mit Fugen in der Farbe des Hintergrunds hätte die Farbgebung eine andere Gewichtung und die Bordüre eine unruhigere Wirkung.

FARBEN

ZWEI UND ZWEI

Diese einfache Bordüre aus halbierten Mosaiksteinchen, die paarweise abwechselnd waagerecht und senkrecht angeordnet sind, könnte man auch ausdehnen und als Hintergrunddekor verwenden. Schneiden Sie zuerst einige Tesserae in verschiedenen Farben zu und experimentieren Sie mit den möglichen Kombinationen.

ZACKENBORDÜRE

Die schlichte Zackenbordüre besteht, wie das Rautenmuster, überwiegend aus quadratischen Tesserae. Wenn Sie für die unmittelbar angrenzenden Steinchen des Hintergrunds einen etwas dunkleren Farbton wählen, entsteht ein interessanter Schatteneffekt (siehe Seite 132).

FARBEN

Verwenden Sie für die Zacken ähnliche Farben (wie in diesem Beispiel) oder spielen Sie mit Kontrasten. Selbst so einfache Muster bieten vielfältige Variationsmöglichkeiten.

MÄANDER

In vielen Kulturen der Welt findet man solche traditionellen Muster. Sie eignen sich sehr gut für Einsteiger, weil sie einfach aufgebaut sind und zum Experimentieren mit Fliesen und Fugenmasse in verschiedenen Farben einladen.

Dieses Beispiel wirkt besonders lebendig, weil mit halbierten Steinchen gearbeitet wurde. Schneller lässt sich eine Fläche allerdings mit ganzen Mosaiksteinchen füllen. Das gilt ebenso für das Zickzackmuster unten auf der Seite.

FARBEN

ZICKZACKMUSTER

Geometrische Musterbordüren kennt man aus alten keltischen Handschriften. Als Mosaik sind solche Muster einfacher umzusetzen. Sie lassen sich leicht variieren, indem man das Raster-Grundmuster auflockert und beispielsweise mit halbierten Tesserae arbeitet.

Zickzackmuster sind unkompliziert und eignen sich gut als Bordüre zur Einrahmung großer Fliesenflächen, etwa in Bad oder Küche.

FARBEN

PYRAMIDEN-MUSTER

Auf den ersten Blick wirkt dieses Pyramiden-Muster sehr einfach, weil es nur aus Quadraten besteht. Tatsächlich wird aber mit geviertelten Tesserae gearbeitet, um eine möglichst feine Wirkung zu erzielen – das bedeutet viel Arbeit und wahrscheinlich auch reichlich Verschnitt. Dies ist ein Muster für Geduldige.

Besonders lebendig wirken Kombinationen von Komplementärfarben, etwa Blau und Orange oder Rot und Grün.

Bevor Sie ein Projekt beginnen, sollten Sie überprüfen, ob Ihre Materialvorräte ausreichen. Schon für eine schmale Bordüre braucht man erstaunlich viele Tesserae.

FARBEN

KELTISCHE SPIRALE

Das uralte keltische Spiralmotiv wurde hier moderner interpretiert – ganz in Blautönen gehalten und nur durch einzelne Akzente in Bronze- und Goldtönen aufgelockert. Bei solchen Ton-in-Ton-Motiven ist es besonders wichtig, beim Vergrößern und Auslegen der Motivkonturen akkurat zu arbeiten.

Drehen Sie beim Verlegen kreisförmiger Mosaike die Grundplatte laufend, damit Sie das Motiv aus verschiedenen Blickwinkeln sehen. So gelingt Ihnen die ausgewogene Verteilung der Tesserae besser.

FARBEN

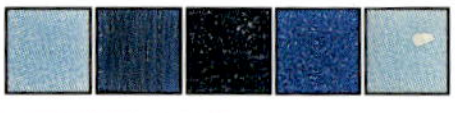

KELTISCHER KNOTEN

Knotenmotive kennt man von keltischen Schmuckstücken und kunsthandwerklichen Arbeiten. Dieses Motiv eignet sich sehr gut als Zentrum einer runden Mosaik-Tischplatte.

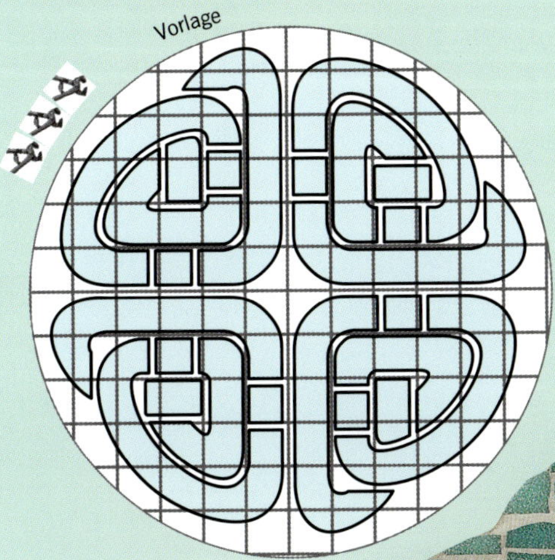

Keltische Muster werden oft in sanften Blau- oder Grüntönen gearbeitet, um ihnen ein traditionelles Aussehen zu geben. Sie können aber auch in lebhafteren, kontrastreichen Farben interessant wirken.

KORDELMOTIV

Vorlage

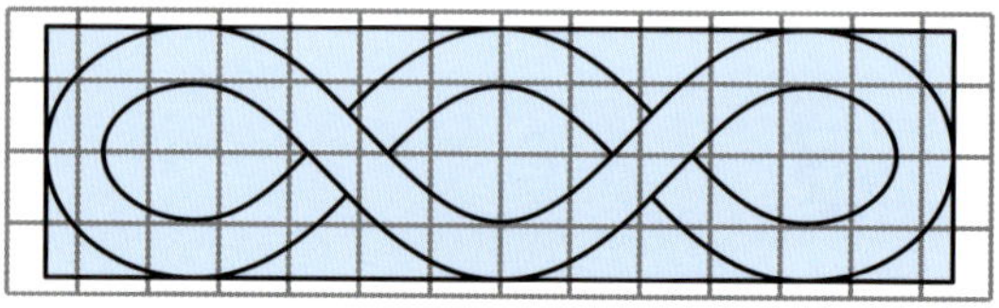

Das alte keltische Kordelmotiv ist nicht einfach zu schneiden. Je kleiner der Maßstab des Mosaiks, desto schwieriger ist es, glatte Rundungen zu arbeiten.

Diese Variante ist noch etwas aufwändiger, weil im Inneren der Schlaufen eine zweite Farbe verwendet wurde.

KLEINES KNOTENMUSTER

Der dreiteilige Endlosknoten ist eins der berühmtesten keltischen Motive, das auf Schmuckstücken und in alten Handschriften immer wieder auftaucht. Ob klein und schlicht oder größer und reich verziert: Der Knoten bietet viele Gestaltungsmöglichkeiten.

Vorlage

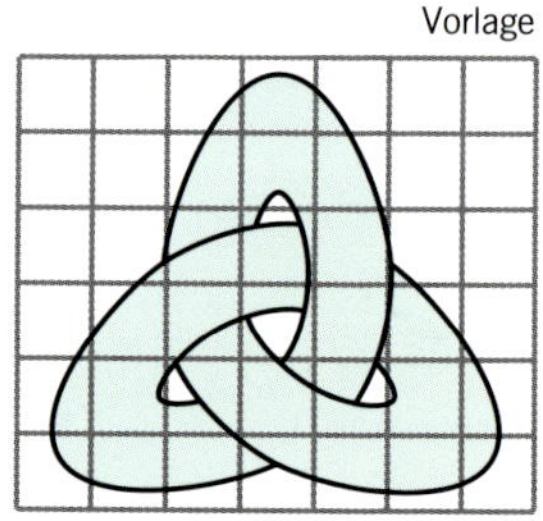

Ähnlich wie das Herzmotiv auf den Seiten 80–81 lässt sich der Knoten auch zu Rapporten aneinander fügen.

KELTISCHE SCHLEIFE

Dieses keltische Motiv ist wegen seiner vielen Rundungen und Kreuzungen etwas komplizierter zu arbeiten. Die Tesserae müssen sehr akkurat in Form gebracht werden. Stellen Sie sich auf etwas Verschnitt ein.

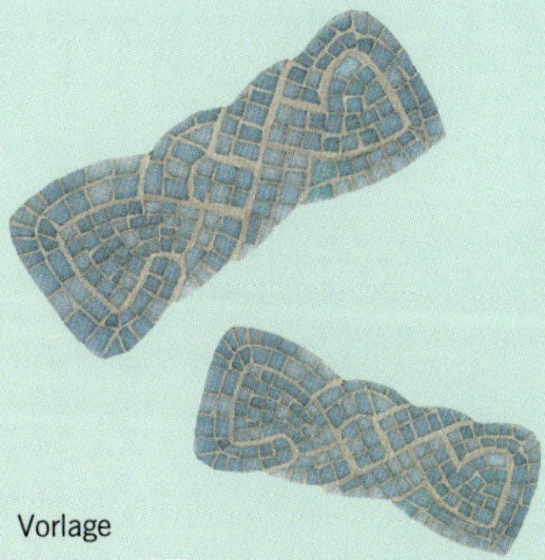

Vorlage

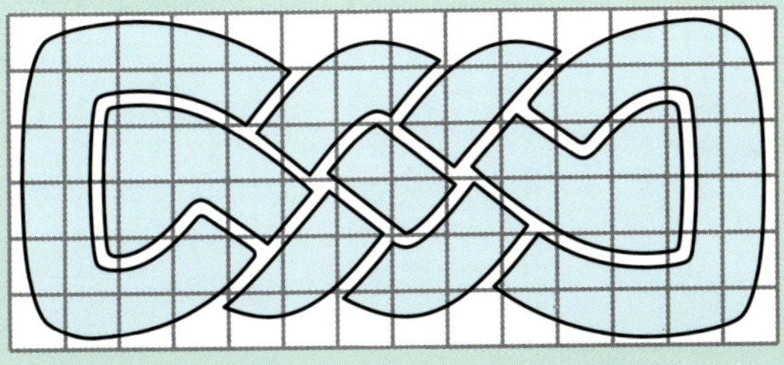

FARBEN

Hier wurde die Schleife als Einzelmotiv gearbeitet. Man könnte sie aber auch vereinfachen und zu einer Bordüre aneinander reihen.

Sie können auch eine Bordüre aus Schleifen in zwei oder sogar drei abwechselnden Farben aufbauen.

RÖMISCHER KNOTEN

Dieses Motiv lehnt sich an ein römisches Mosaik an, das seinen keltischen Einfluss nicht verleugnen kann. Durch die dunkle Kontur mit hellerer Innenfläche kommt die verschlungene Form sehr gut zum Ausdruck.

Vorlage

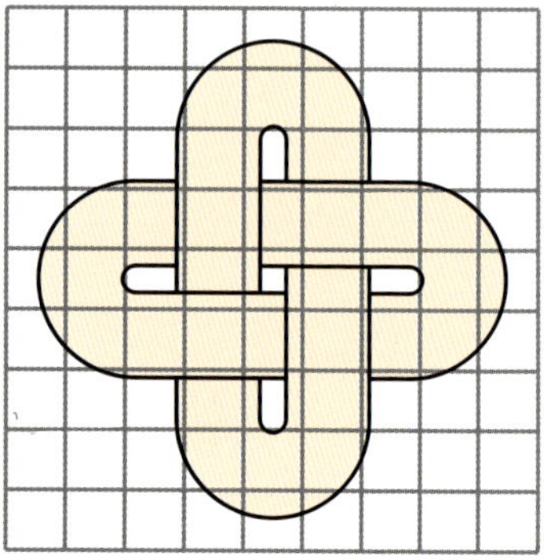

Achten Sie beim Vergrößern und Übertragen des Motivs darauf, die Kontur im Bereich der Überkreuzungen zu unterbrechen.

FARBEN

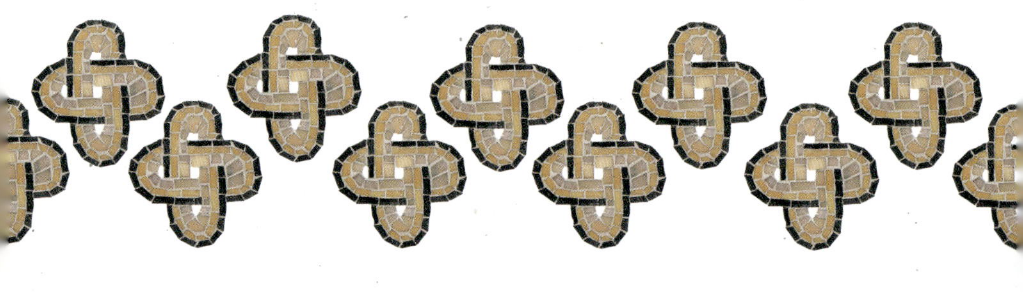

KORDELBORDÜRE

Dieses keltische Kordelmotiv ist auch in der Kunst des Jugendstils gelegentlich zu finden. Die Tesserae für die Rundungen müssen sehr genau geschnitten werden, sonst entstehen Fugen in ungleichmäßiger Breite, die das Motiv optisch in mehrere Teile zerstückeln.

Vorlage

Jede einzelne Tessera muss an allen vier Seiten beschnitten werden, damit die Kurven wirklich rund und fließend ausfallen.

FARBEN

TUPFEN-BLÜTE

Die Motive auf dieser Doppelseite sind aus Kreisen aufgebaut. Sie sind schwierig zu schneiden, sehen aber hübsch aus und heben sich durch ihre fließende Optik von konventionellen, eckigen Mosaiken ab.

Vorlage

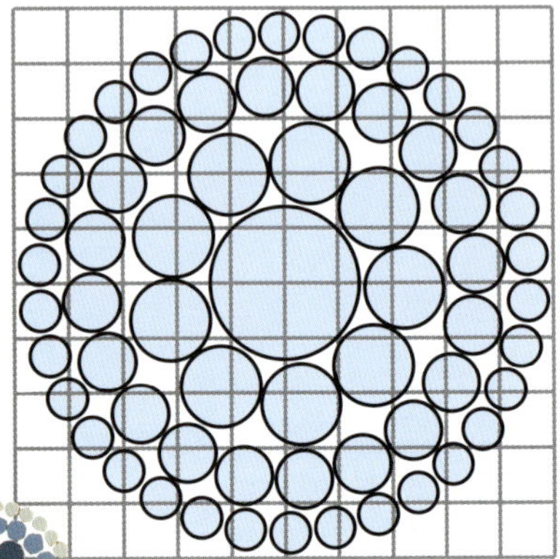

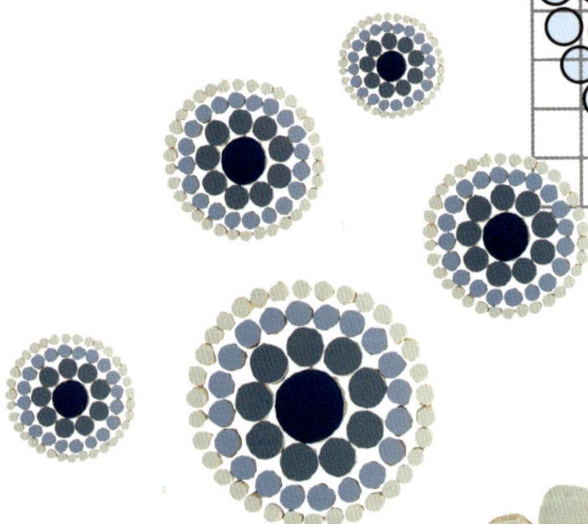

Keramik-Tesserae lassen sich leichter in die passende Form schneiden als Glas-Tesserae. Denkbar wäre auch, in den Mittelpunkt einen größeren Kreis aus einem Stück einzusetzen.

FARBEN

TUPFEN-STERN

Bei diesem Motiv wird der Blick durch die Farbverteilung zur Mitte gelenkt. Als Rapport eignet es sich gut als lebhaftes Füllmuster für eine Fläche. In hellen, zur Mitte hin leicht abgedunkelten Farbtönen könnte man es auch auf dunklem Hintergrund platzieren, um einen leuchtenden Sternenhimmel anzudeuten.

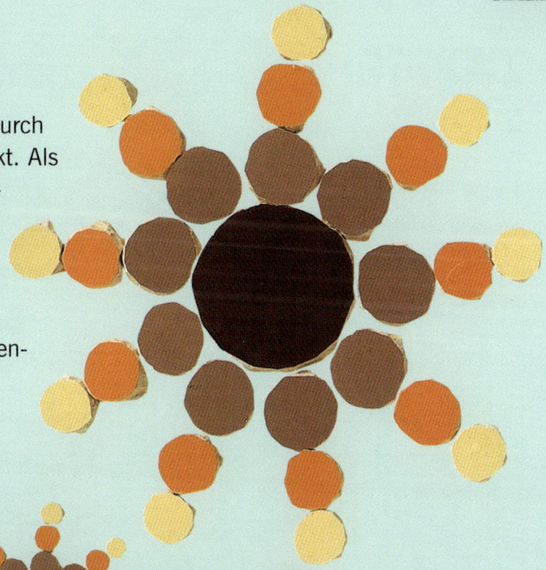

Dieses Motiv lässt sich zügiger aus Keramikfliesen arbeiten, weil sie in verschiedenen Größen erhältlich und einfacher zu schneiden sind als Glas-Tesserae.

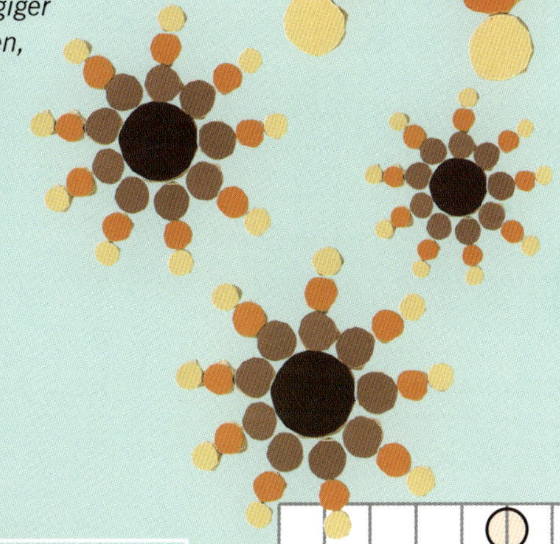

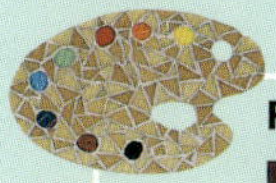

FARBEN

Vorlage

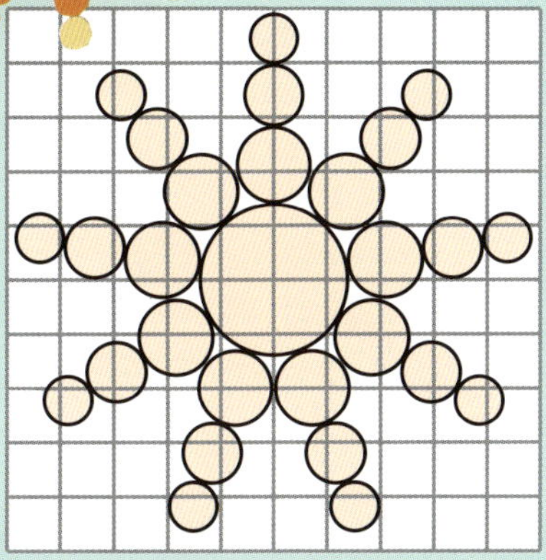

ZWEIGE

Solche Zweige eignen sich gut als lockere Umrahmung eines Motivs, man kann sie aber auch vergrößern und zum Füllen des gesamten Hintergrunds verwenden.

Vorlage

Variationen sind einfach: Man braucht nur die Anzahl, Anordnung und Farbe der Blätter und Beeren zu verändern.

Glatte Rundungen gelingen problemlos, wenn man einen großen Teller als Schablone benutzt.

STRICKZEUG

Dieses Motiv widme ich meiner Mutter, die mit Begeisterung strickt. Das „Strickmuster" kann frei gestaltet werden, selbst Worte sind denkbar. Das dekorative Mosaik passt ebenso gut auf den Deckel eines Nähkastens wie auf eine Tischplatte.

Vorlage

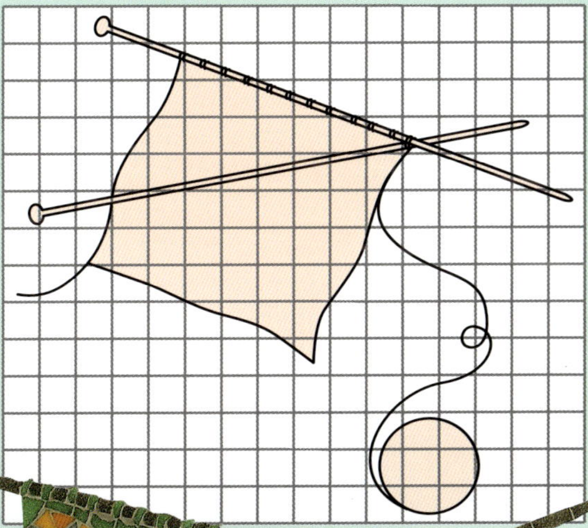

Beginnen Sie das Mosaik mit den Nadeln und arbeiten Sie die einzelnen Maschen, die auf der oberen Nadel liegen, sehr sorgfältig. Für das gestrickte Stück können fast alle Bordüren aus diesem Kapitel verwendet werden.

Das Wollknäuel zeigt, wie sich durch geschickte Anordnung der Rundungen ein plastischer Effekt erzielen lässt.

FARBEN

KURVEN UND BÖGEN

Dieses Muster eignet sich für eine einfache Bordüre oder einen Fries, könnte aber durch zusätzliche Blätter oder Blüten weiter ausgeschmückt werden. Das Muster gegenüber bietet sich auch als eigenständiges Motiv an.

Vorlage

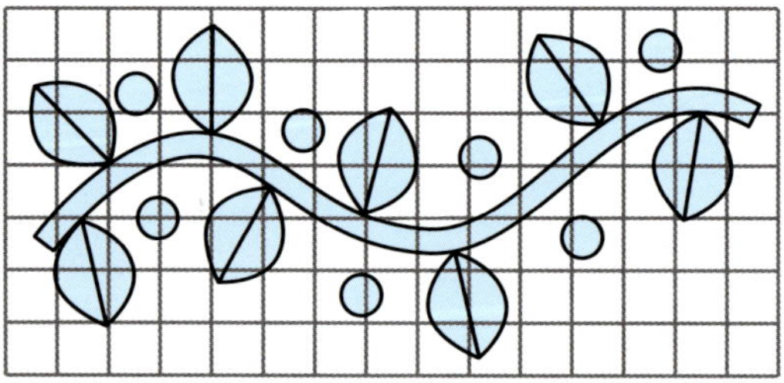

FARBEN

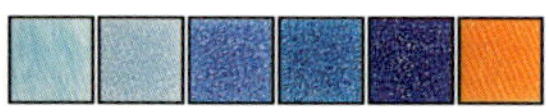

Die Ranke wirkt natürlicher, wenn Sie die einzelnen Rapporte etwas unregelmäßig aneinander fügen.

Um die Vorlage zu einer Bordüre zu verlängern, zeichnen Sie sie mehrmals ab und legen die Teile so aneinander, dass die Stiele sich überlappen.

Vorlage

FARBEN

Diese Bordüre aus einzelnen Motivelementen lässt sich leicht variieren. Sie können die Elemente wiederholen, spiegeln und auf vielfältige Weise zusammensetzen. Verändert man die Abstände, wirkt sie besonders locker.

SYMBOLE

Sonne, Mond und Sternzeichen sind universelle Symbole, die dennoch in jeder Kultur auf eigene Weise dargestellt werden. Solche Mosaike eignen sich für sehr individuelle Interpretationen, weil man das eigene Sternzeichen in den persönlichen Lieblingsfarben gestalten oder mit weiteren Motiven kombinieren kann. Ein individuell gearbeitetes Mosaik-Motiv wie dieses kann auch ein sehr persönliches Geschenk für einen guten Freund sein.

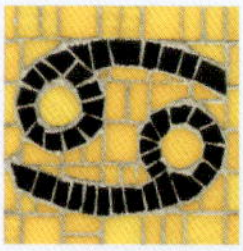

SCHLAFENDER MOND

Der schlummernde Mond mit seinem sanften Schimmer hat eine sehr friedliche Ausstrahlung, perfekt für ein Kinderzimmer. Sie könnten ihn auch mit der lächelnden Sonne auf Seite 102 kombinieren.

Vorlage

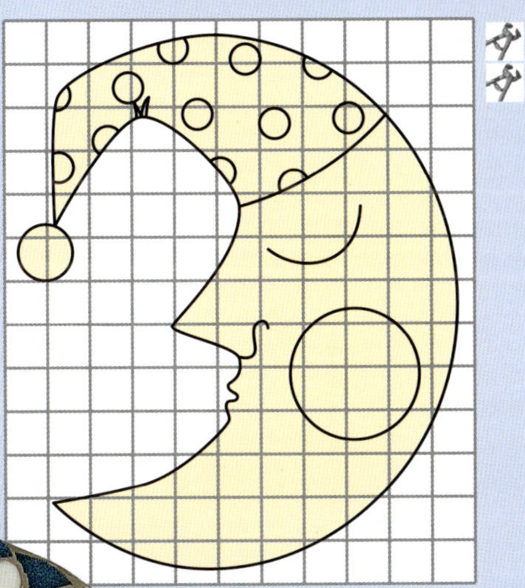

Beginnen Sie mit den feinen Details der Augen und den Tupfen auf der Mütze. Dann folgt die runde Wange, bevor die Fläche ausgefüllt wird. Wer mag, kann das Motiv mit einer Reihe dunklerer Mosaiksteinchen einrahmen.

FARBEN

LÄCHELNDE SONNE

Die Inspiration zu dieser freundlich lächelnden Sonne stammt aus der indischen Kultur. Das tropfenförmige Motiv auf der Stirn wiederholt sich in der Form der kleineren Strahlen. Der geheimnisvolle Gesichtsausdruck erinnert an alte indische Drucke und Wandmalereien, während die größeren Strahlen den Tempel- und Palastdächern aus der Zeit der Maharadschas ähneln.

Vorlage

Dieses Motiv könnte man mit Glitzertropfen und Pailletten weiter ausgestalten (siehe Seite 35).

KOMBI-TIPP

Der optimale Partner für diese Sonne ist der schlafende Mond auf Seite 101.

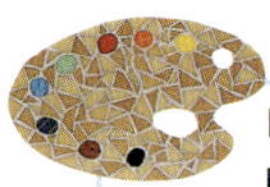

FARBEN

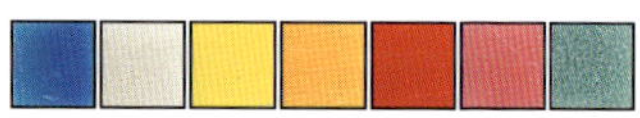

DER TIERKREIS

Dieses Mosaik zeigt den gesamten Tierkreis, während die einzelnen Zeichen auf den folgenden Seiten als Einzelmotive vorgestellt werden. Die Kreiskonturen zeichnen Sie mithilfe eines Zirkels oder Tellern in verschiedenen Größen vor. Die gleichmäßige Anordnung der zwölf Sonnenstrahlen gelingt mit einem Winkelmesser. Zwischen den Achsen der Strahlen liegen Winkel von 30°.

Vorlage

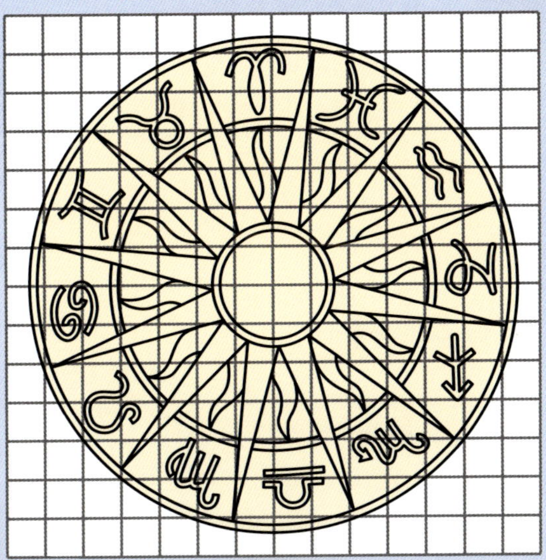

FARBEN

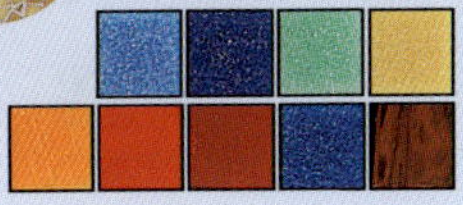

Die intensiven Rottöne der Sonne vermitteln vor dem Hintergrund mit Craquelé-Effekt den Eindruck extremer Hitze. Die Fugen sind hier bewusst dunkel gewählt, weil sie das Sonnenmotiv zusammenhalten, den Hintergrund aber noch stärker zum Flimmern bringen.

STERNZEICHEN

Die zwölf Sternzeichen lassen viele verschiedene Interpretationen zu. Hier sind die Zeichen selbst ganz in Schwarz gehalten, während die Farbgebung des Hintergrunds Hinweise auf den Monat oder das Symbol gibt.

JUNGFRAU

Für das Zeichen der Jungfrau wurde ein Hintergrund in den sanften Farben der Weinlese gewählt.

Vorlage

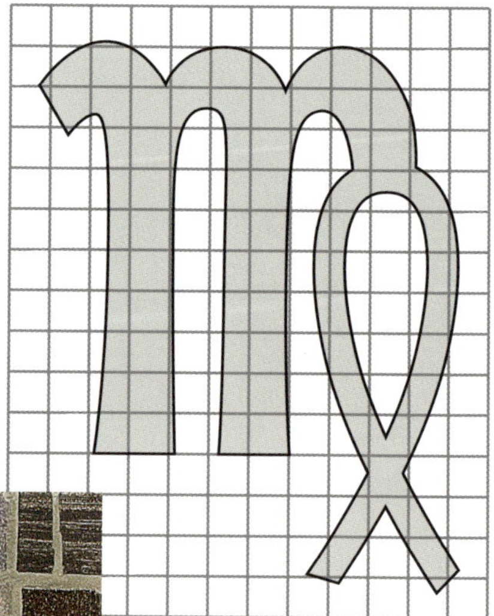

FARBEN

Die Jungfrau ist, ebenso wie Steinbock und Stier, ein Erdzeichen. Mit einem Hintergrund in Erdfarben würde das Motiv ganz anders wirken.

LÖWE

Der Löwe gehört, wie Schütze und Widder, zu den Feuerzeichen, darum wurde hier ein Hintergrund in Orange gewählt.

FARBEN

Vorlage

Die Tesserae des Hintergrunds sind sorgfältig so beschnitten, dass ihr Verlauf der Symbolkontur folgt. Achten Sie auf gleichmäßig schmale Fugen, damit weder Motiv noch Hintergrund zu stark unterbrochen werden.

SKORPION

Weil der Skorpion ein Wasserzeichen ist, könnte man ihn auch in Blautönen gestalten. Die bildhafte Symbolform mit dem spitzen „Schwanz“ lässt jedoch auch eine dekorativere Darstellung zu.

Vorlage

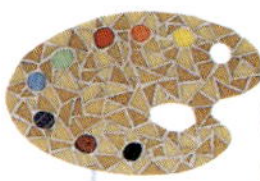

FARBEN

Achten Sie beim Zuschneiden der Mosaiksteinchen auf die Form der drei senkrechten Balken: In der Mitte sind sie etwas schlanker als oben und unten.

SCHÜTZE

Das Symbol des Schützen ist ein stilisierter Bogen mit Pfeil. Weil der Schütze zudem ein Feuerzeichen ist, bietet er sich für eine Umsetzung in intensiven, ausdrucksvollen Farben an.

Der Schaft des Pfeils soll möglichst gerade ausfallen und wird darum zuerst gearbeitet. Darauf folgt die Spitze, danach der angedeutete Bogen und schließlich der Hintergrund.

Vorlage

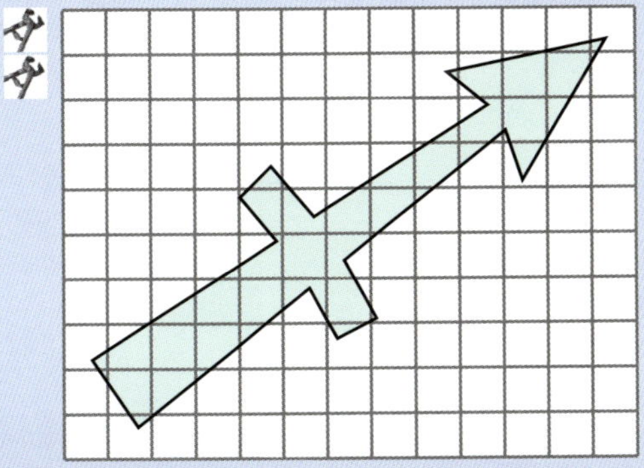

FARBEN

WAAGE

Die Waage ist das einzige Sternzeichen, das kein Lebewesen darstellt. Hier ähnelt das Symbol einem Torbogen. Die ausgewogene Form wird dadurch betont, dass der Hintergrund sich der Rundung anpasst.

Vorlage

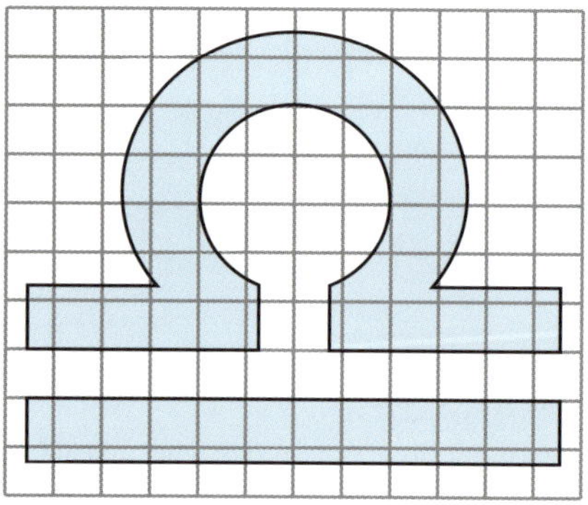

FARBEN

Das Symbol der Waage ist vielschichtig. Es kann auch als Gleichheitszeichen oder Abendsonne interpretiert werden. Zum Sonnenmotiv passt ein Hintergrund aus strahlenförmig angeordneten Orangetönen ausgezeichnet.

STEINBOCK

Das Steinbocksymbol wirkt erstarrt, wie in splitterndem Eis eingefroren. Angeblich soll das seltsame verschlungene Zeichen Hörner und Schwanz des Steinbocks darstellen.

Vorlage

Für den Hintergrund wurden bewusst unregelmäßige Bruchstücke verwendet, um auf diese Weise zerborstenes Eis anzudeuten.

FARBEN

WASSERMANN

Nichts passt so gut zu diesem Wasserzeichen wie eine Interpretation in Blautönen. Die Zackenlinien des Motivs könnte man auch wie Wellen darstellen, um sich dem Wasserthema noch weiter anzunähern.

Vorlage

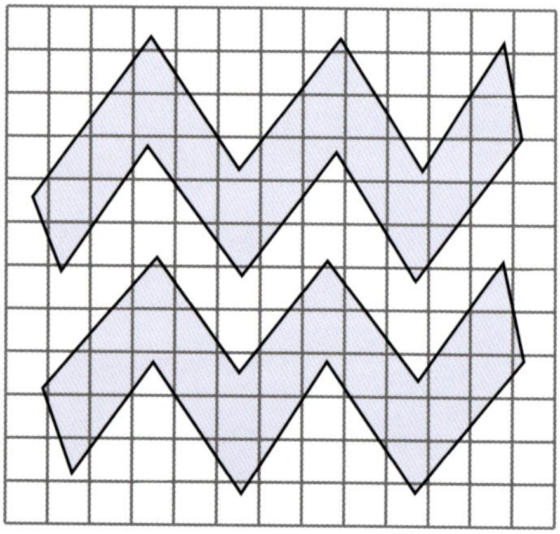

FARBEN

Hier wird die scharfe Zackenform durch das streng geometrische Raster des Hintergrunds noch betont.

STIER

Das Symbol für das Sternzeichen Stier ist eine stilisierte Darstellung von Kopf und Hörnern, den Hintergrund in einer Feuerfarbe könnte man auch als rotes Tuch interpretieren. Bildhafter wirkt das Symbol, wenn man die Hörner weiter ausarbeitet und unter ihnen durch etwas hellere Mosaiksteinchen zwei Augen andeutet.

Vorlage

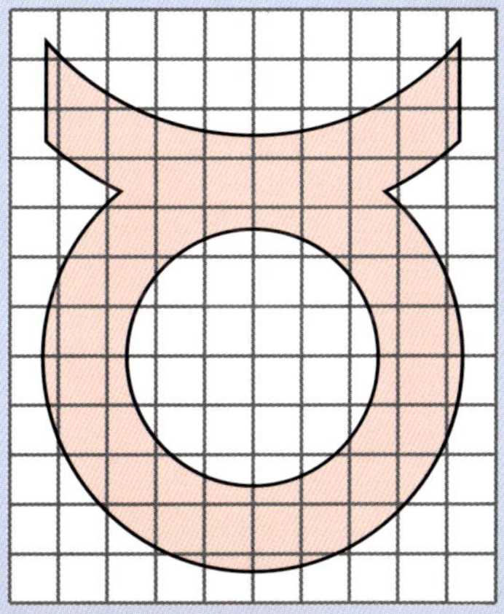

Für dieses absolut symmetrische Symbol müssen die Tesserae sehr sorgfältig zugeschnitten werden.

FARBEN

FISCHE

Der seegrüne Hintergrund, der an Schuppen erinnert, passt gut zu diesem Motiv. Das Symbol stellt zwei Fische dar, die in unterschiedliche Richtungen schwimmen. Es wird oft als Hinweis auf die Unentschlossenheit gedeutet, die charakteristisch für Menschen dieses Zeichens sein soll. Rundung und Stärke der beiden senkrechten Motivteile sollten möglichst gleichmäßig ausfallen.

Vorlage

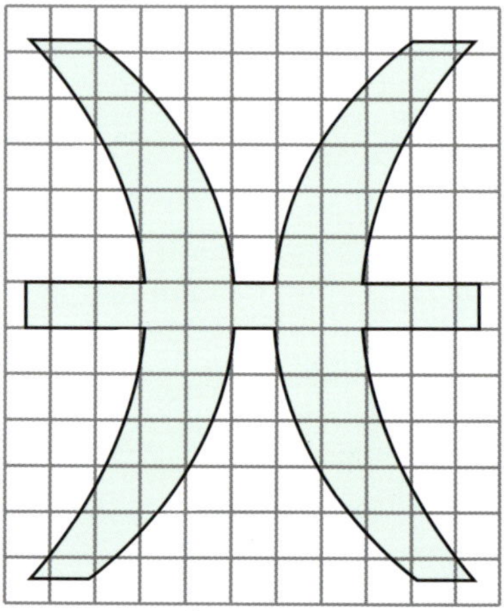

FARBEN

Wer ein naturalistisches Motiv bevorzugt, könnte ein Fischmosaik (siehe Seiten 166–167) als Vorlage wählen und spiegelbildlich verdoppeln.

ZWILLINGE

Das Symbol der Zwillinge besteht aus zwei miteinander verbundenen senkrechten Balken. Die Tesserae des Hintergrunds wurden hier ebenfalls paarweise angeordnet, jedoch in wechselnder Verlegerichtung, um anzudeuten, dass die Beziehung zu Zwillingen nicht immer harmonisch ist.

Vorlage

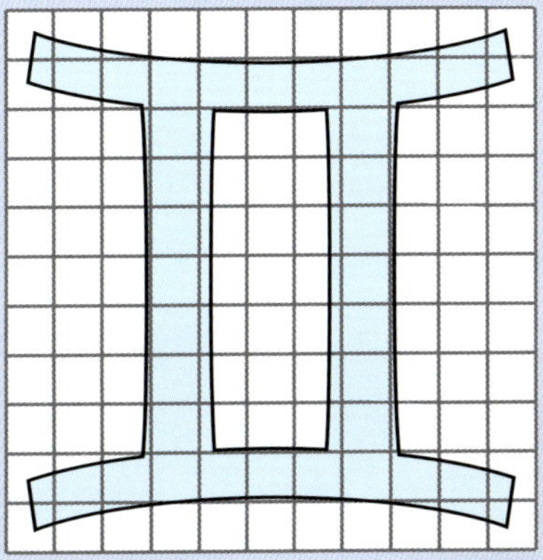

FARBEN

Konzentrieren Sie sich beim Vorzeichnen des Motivs auf die Symmetrie der senkrechten und waagerechten Elemente.

WIDDER

Das Symbol des Widders ist eine stilisierte Darstellung der Hörner dieses Tiers. Achten Sie beim Vorzeichnen des Motivs und beim Zuschneiden der Tesserae besonders auf die Symmetrie der beiden Seiten.

Vorlage

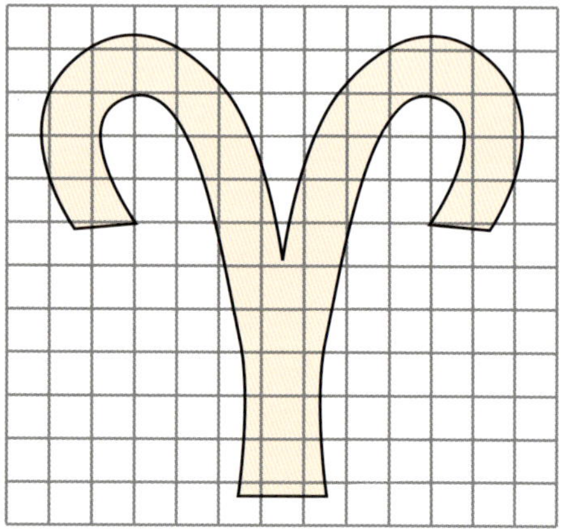

FARBEN

Für den Hintergrund wurden sanfte Beige- und Gelbtöne gewählt, die der Fellfarbe eines Widders ähneln. So wird subtil angedeutet, dass der Angehörige dieses Zeichens der Welt häufig mit kampfbereit gesenktem Kopf gegenübersteht.

KREBS

Auf der nördlichen Halbkugel ist der Krebs das Sternzeichen der Menschen, die im Sommer geboren sind. Dazu passt der Hintergrund in sonnigem Gelb. Der Krebs ist ein Wasserzeichen, das auch für Vorsorge und Kraft steht.

Vorlage

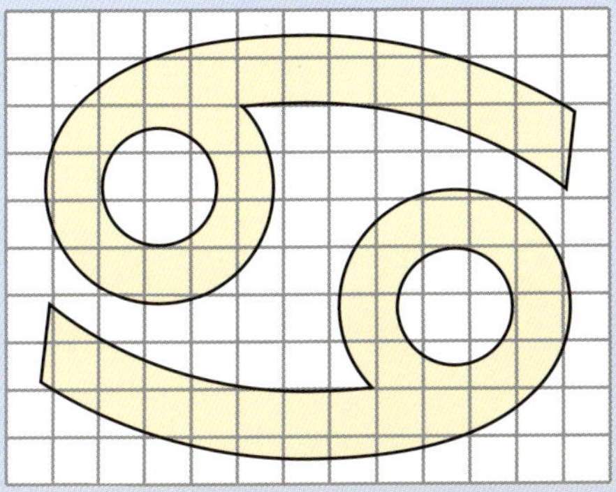

Sie brauchen nur die obere Schere zu vergrößern. Nach dem Übertragen wird sie einfach umgedreht und nochmals durchgezeichnet.

FARBEN

Hier wurde als Hintergrund sommerliches Sonnengelb gewählt. Blautöne würden zu dem Wasserzeichen ebenso gut passen.

BUCHSTABEN UND ZAHLEN

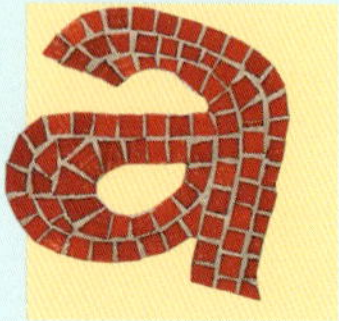

Das Mosaik ist ein großartiges Medium um individuelle Schriftzüge zu gestalten, etwa Namensschilder an Zimmer- oder Haustüren. Viele Buchstaben haben von Natur aus eine attraktive Form, außerdem gibt es zahlreiche interessante Schriftarten.

Wer einen Computer hat, kann mit einem Textverarbeitungsprogramm Buchstaben in der gewünschten Größe ausdrucken – bis hin zu Einzelbuchstaben im Format eines ganzen DIN-A4-Bogens. Selbst wenn das Programm nur Schriftgrößen bis 72 Punkt vorsieht, können Sie manuell einen Wert eingeben, beispielsweise 500.

Stellen Sie dazu im Menü Format/Zeichen die Darstellung „Umriss“ ein. So lassen sich die Rundungen leichter nachzeichnen – und Sie verbrauchen weniger Druckertinte.

Wir haben für unsere Beispiele eine klare, kompakte Schrift gewählt, die sich im Mosaik gut umsetzen lässt. Wer zartere Schriften verwenden möchte, muss beim Schneiden etwas mehr Geduld aufbringen.

Das Alphabet in diesem Buch zeigt verschiedene Methoden, die Buchstaben zu füllen. Sie können – wie beim C – die Tesserae so schneiden, dass sie der Buchstabenkontur exakt folgen. Denkbar ist auch eine Rasteranordnung der Steinchen, sodass – wie beim B – nur die Konturen geschnitten werden müssen. Diese Methode eignet sich besonders für Schriften, die gut lesbar sein müssen, wie an einem Geschäft. Möglich ist auch, den Buchstaben mit einem farbigen Muster auszufüllen, wie beim J.

Auch die Farbwahl wirkt sich aus: Das G ist Ton in Ton gehalten und sehr gut lesbar. Eine kontrastreiche Gestaltung wie beim A kann die Lesbarkeit deutlich reduzieren.

Vorlage

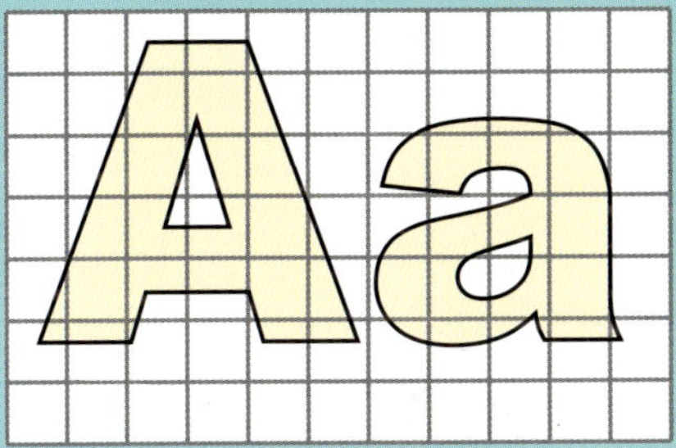

FARBEN

FARBEN

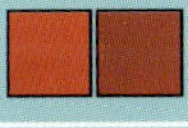

FARBEN

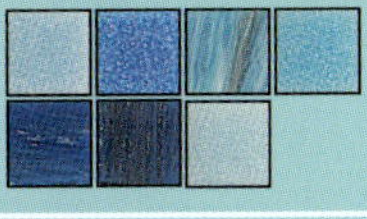

FARBEN

Vorlage

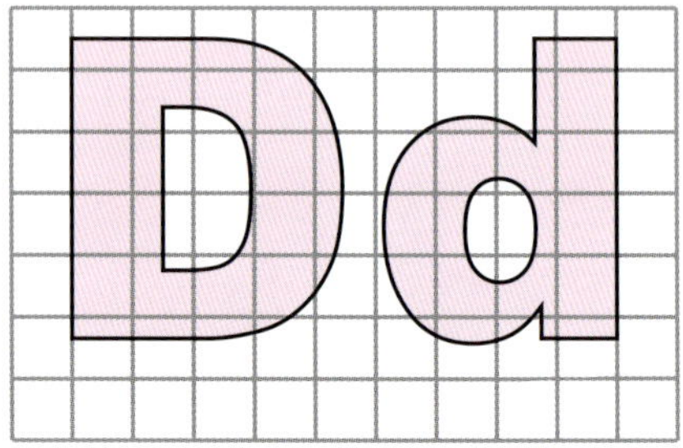

FARBEN

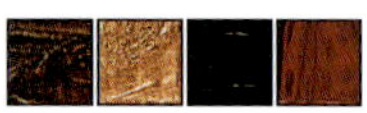

FARBEN

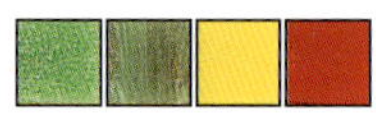

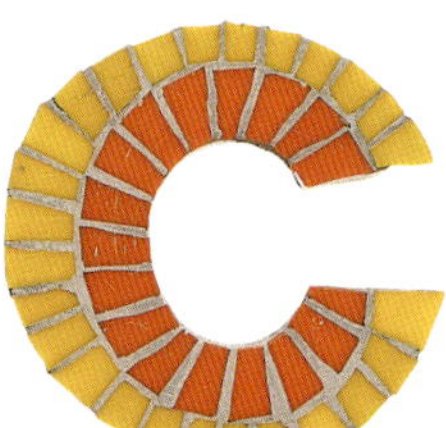

FARBEN

FARBEN

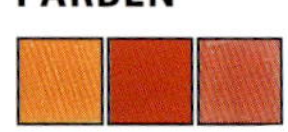

Vorlage

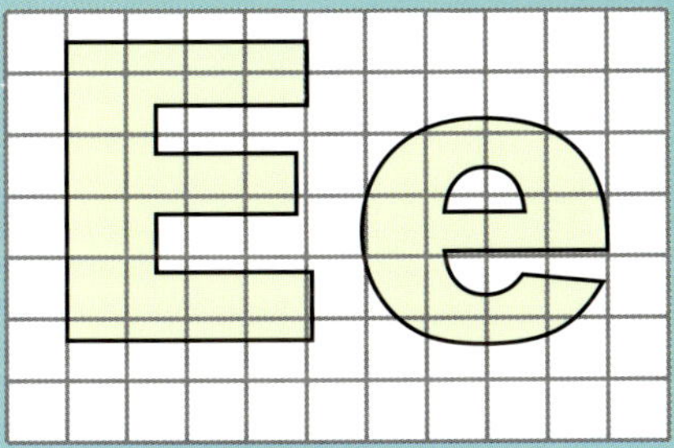

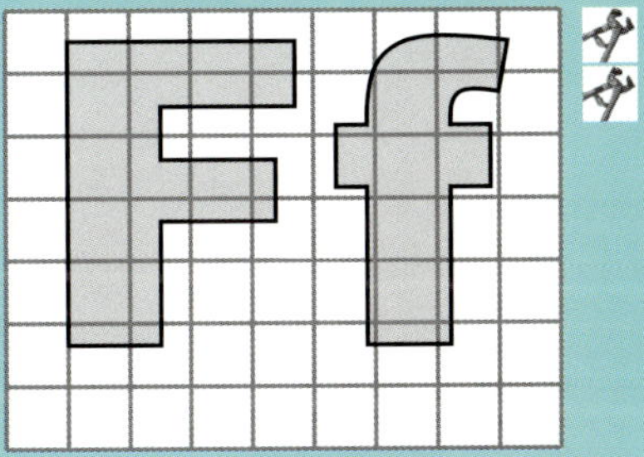

FARBEN

FARBEN

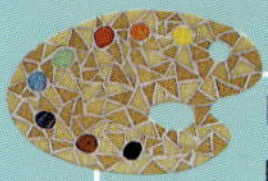

FARBEN

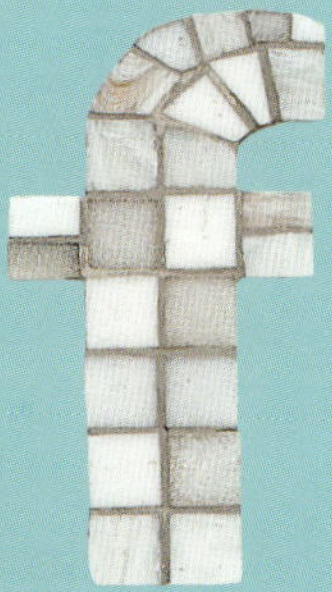

FARBEN

Vorlage

FARBEN

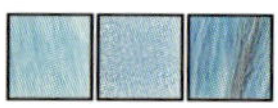

FARBEN

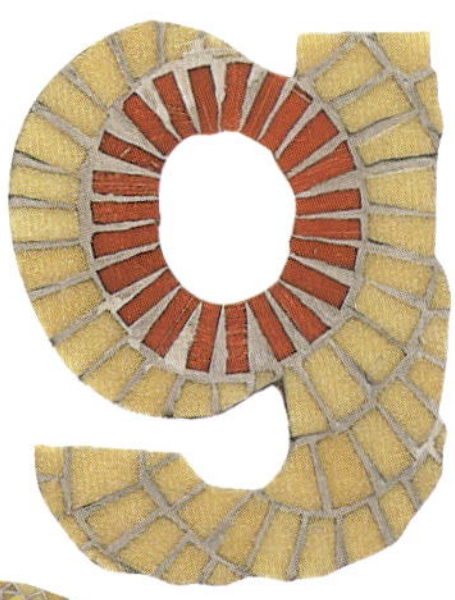

FARBEN

FARBEN

Vorlage

Vorlage

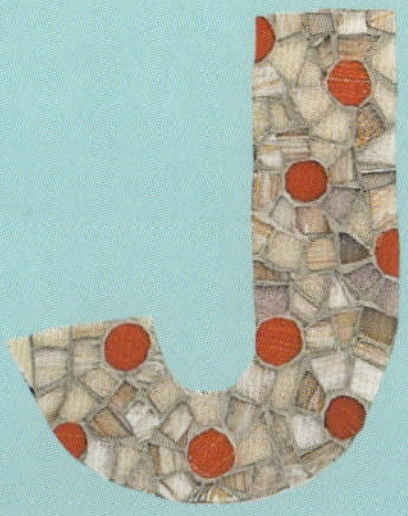

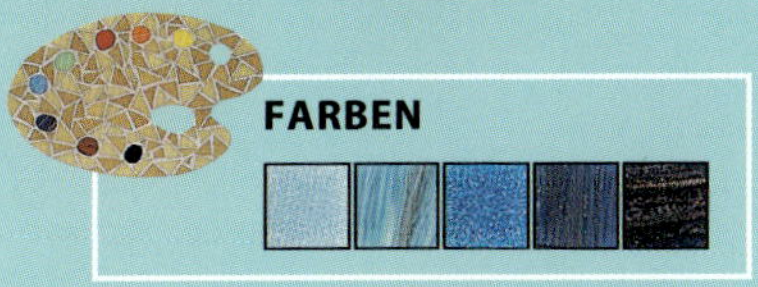

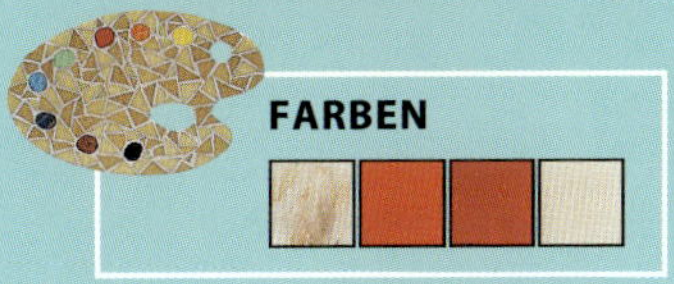

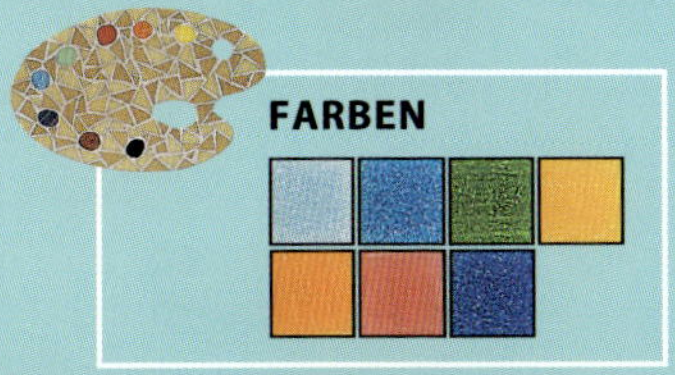

Vorlage

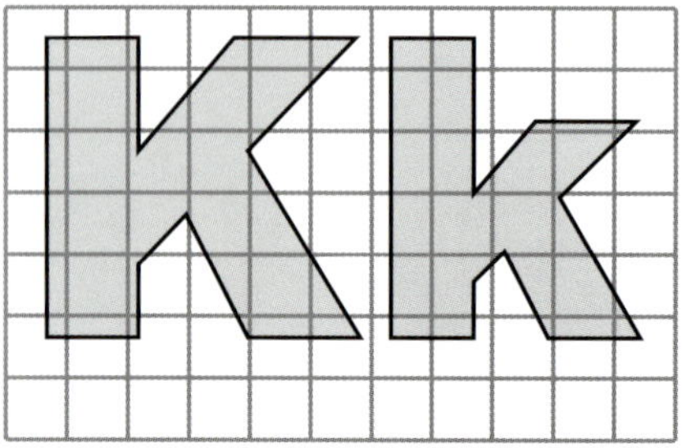

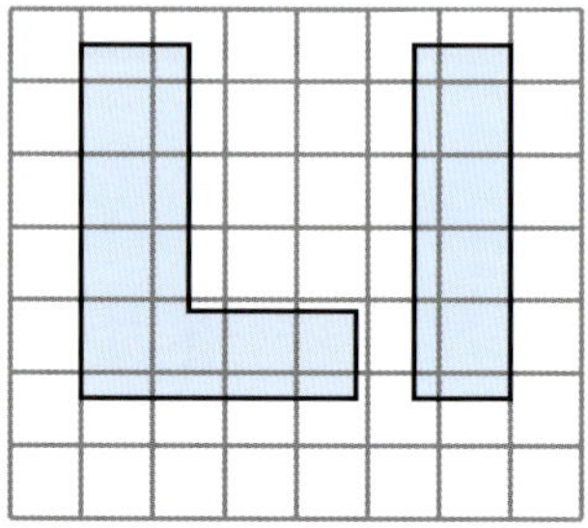

FARBEN

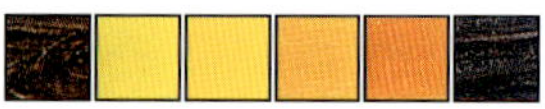

FARBEN

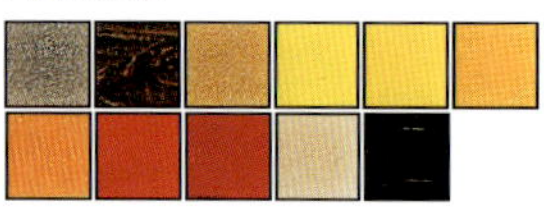

FARBEN

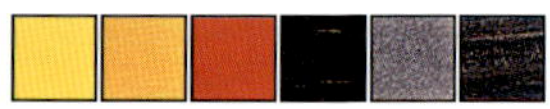

FARBEN

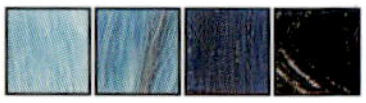

Vorlage

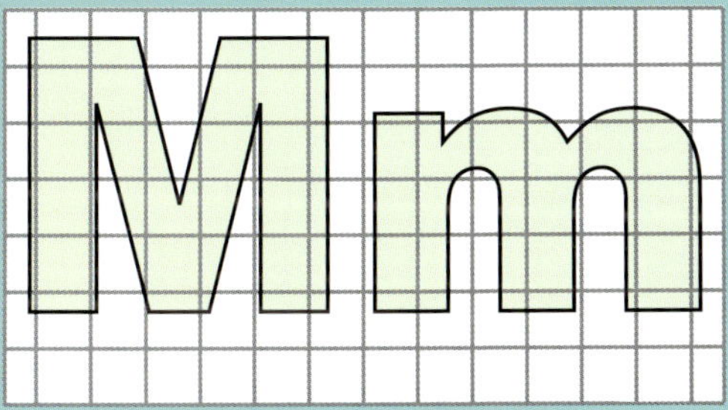

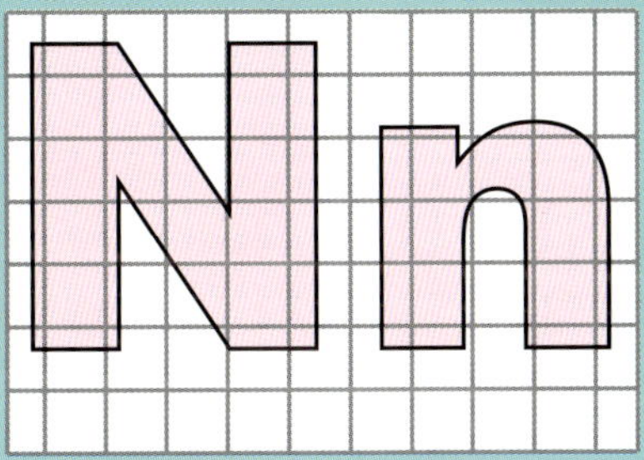

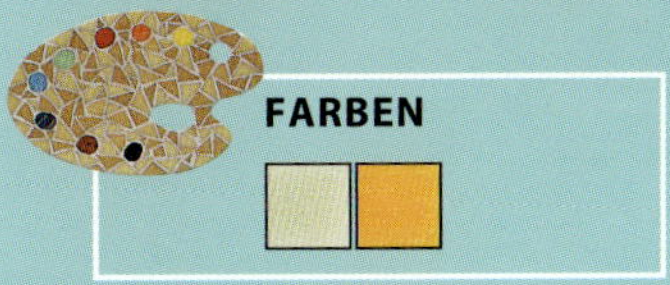

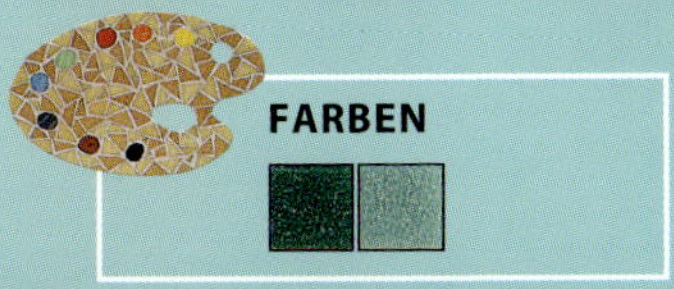

Vorlage

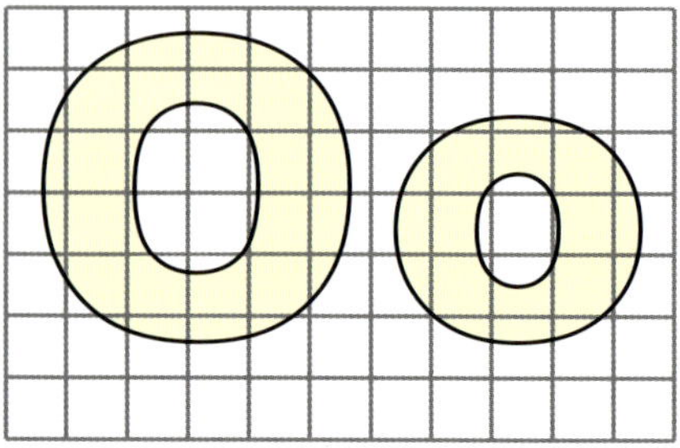

FARBEN

FARBEN

FARBEN

FARBEN

Vorlage

FARBEN

FARBEN

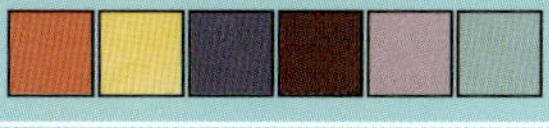

FARBEN

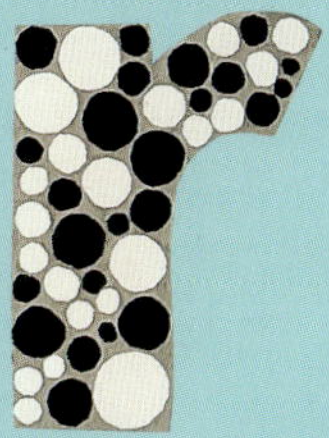

FARBEN

Vorlage

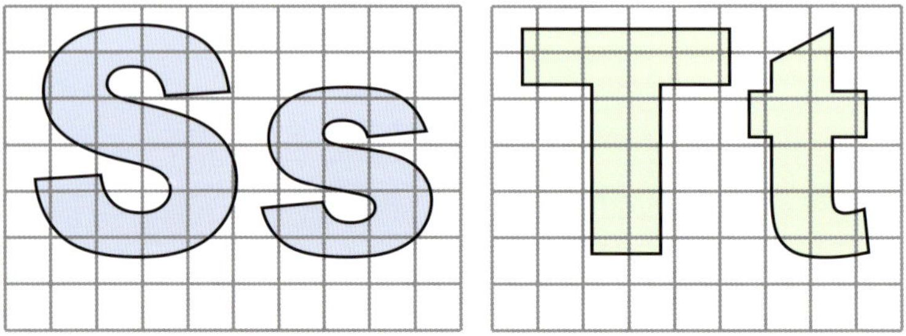

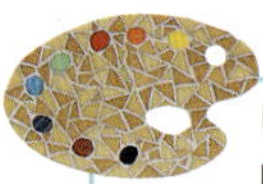

FARBEN

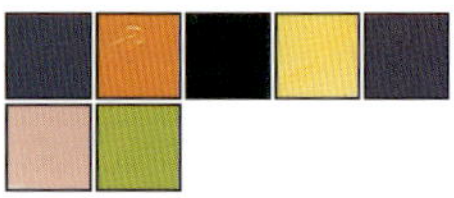

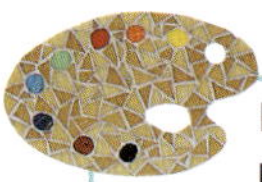

FARBEN

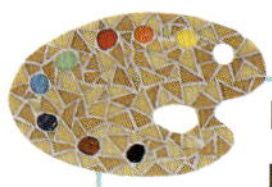

FARBEN

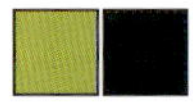

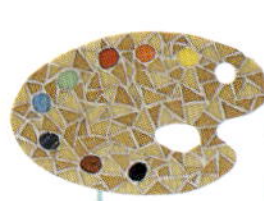

FARBEN

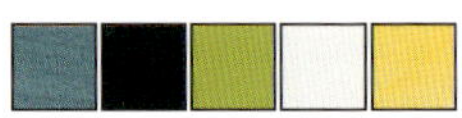

Vorlage

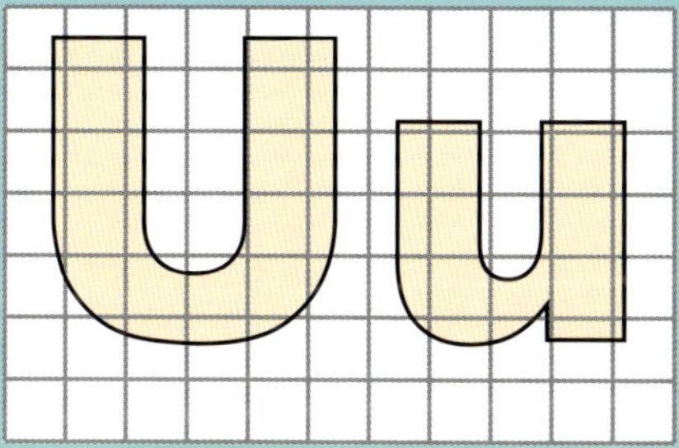

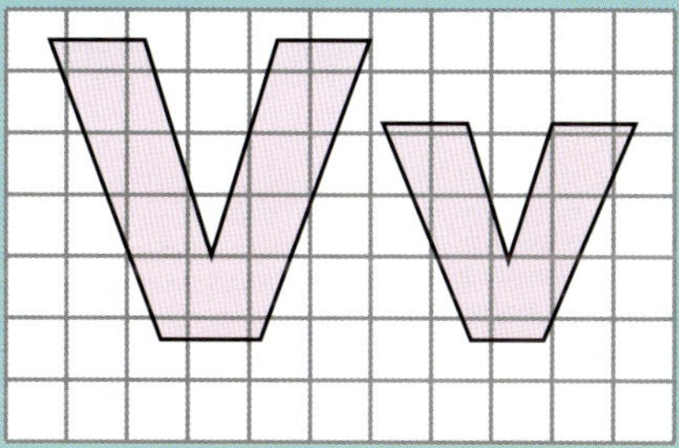

FARBEN

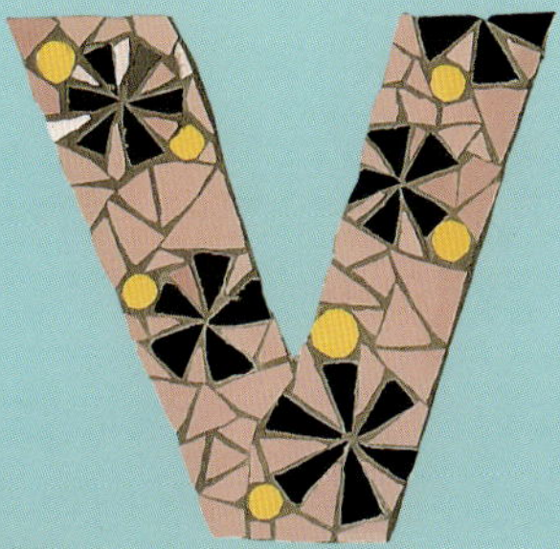

FARBEN

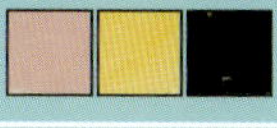

FARBEN

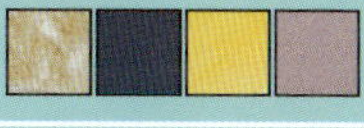

FARBEN

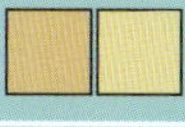

Vorlage

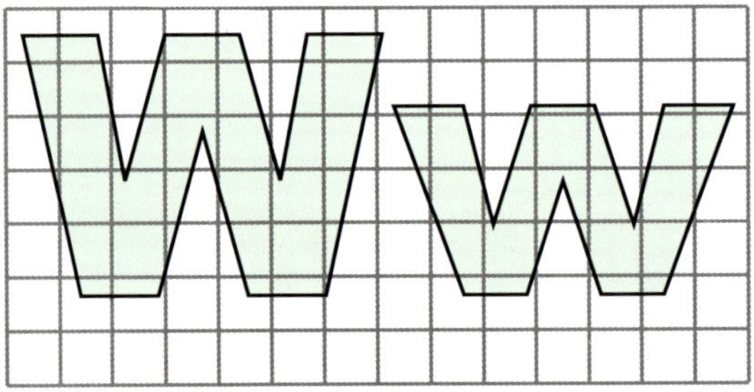

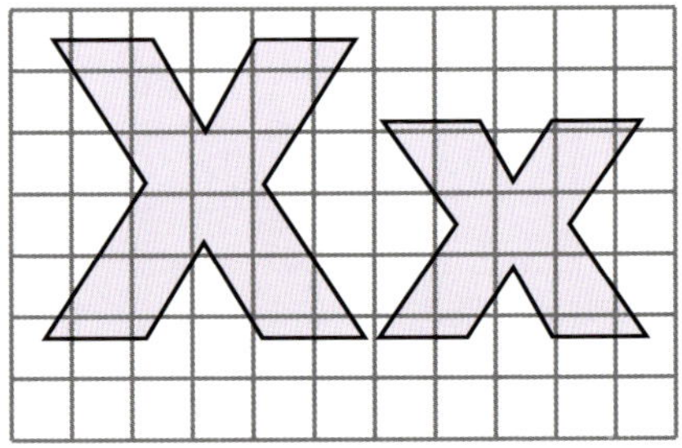

FARBEN

FARBEN

FARBEN

FARBEN

Vorlage

FARBEN

Bruchstücke

FARBEN

FARBEN

FARBEN

BUCHSTABEN MIT SERIFEN

Serifen nennt man die kleinen „Füßchen“ an den Buchstaben einiger Schriftarten mit besonders klassisch-elegantem Aussehen. Die hier vorgestellten Buchstaben lehnen sich an die Lettern an, die schon in der römischen Antike für Inschriften verwendet wurden. Die ruhige Farbgebung und die Mosaikumsetzung in verschiedenen angedeuteten Ziegelsteinmustern passen ausgezeichnet zu den klassischen Formen. Diese Buchstaben dürfen nicht zu klein gearbeitet werden. Die Höhe sollte mindestens 10 cm betragen, sonst lassen sich die Proportionen der verschiedenen Strichstärken und der Serifen nicht akkurat schneiden. Kopieren Sie die Buchstaben sorgfältig und füllen Sie die Flächen möglichst sauber aus. Wir haben Haushalts-Keramikfliesen verwendet, weil sie sich mit einer Zange leichter in die passende Form schneiden lassen (siehe Seite 53–55).

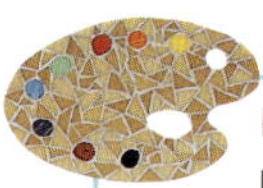

FARBEN

Vorlage

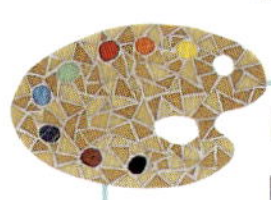

FARBEN

Vorlage

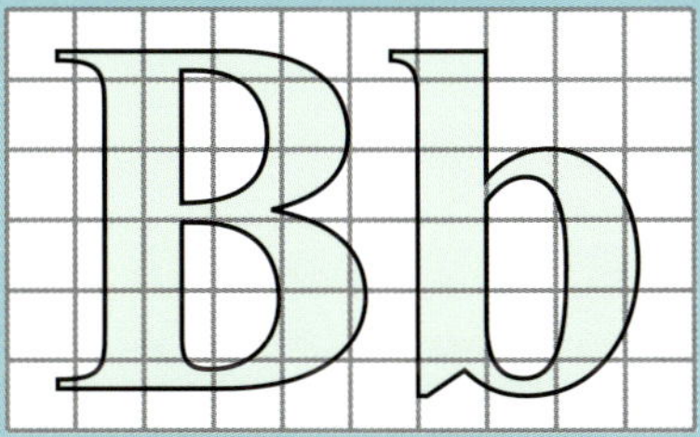

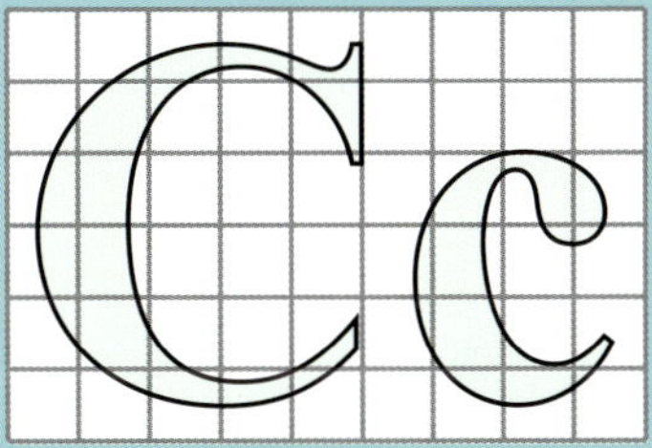

FARBEN

FARBEN

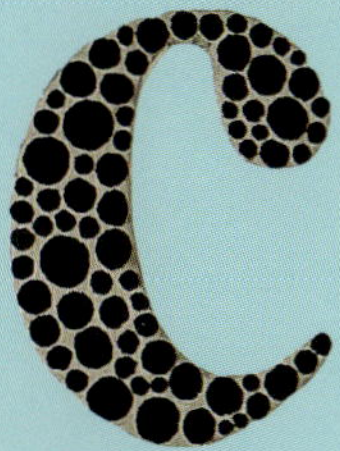

FARBEN

FARBEN

ZAHLEN

Für die Zahlen auf den folgenden Seiten wurden ausschließlich Tesserae in Schwarz, Weiß und Grautönen verarbeitet. Sie machen deutlich, dass sich allein durch Veränderung des Verlegemusters – ganz ohne Farbe – schon endlose Variationsmöglichkeiten ergeben.

Wie bei den Buchstaben können die Tesserae den Konturen der Zahlen folgen (etwa bei der 8), ein geometrisches Raster (wie bei der 1) oder auch ein unregelmäßiges Muster bilden (wie bei der 5).

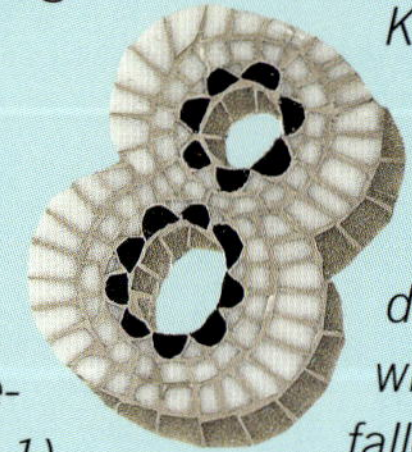

Zusätzlich sehen Sie hier eine einfache Technik, um einen Schlagschatten zu gestalten, der die Zahlen plastischer wirken lässt – fast als würden sie über ihrem Hintergrund schweben. Solche Schatteneffekte wirken auch bei vielen anderen Motiven reizvoll.

Schlagschatten

Nachdem Sie das Motiv auf den Untergrund übertragen haben, verschieben Sie Ihre Vorlage ein kleines Stück (etwa 1–2 cm) schräg nach unten und zeichnen die Kontur ein zweites Mal nach. Schraffieren Sie alle Flächen zwischen der ersten und zweiten Kontur, die außerhalb des eigentlichen Motivs liegen. Dies ist der Bereich des Schattens, der mit speziell dafür gewählten Tesserae gefüllt wird. Schwarz oder Dunkelgrau fallen besonders ins Auge, während eine dunklere Nuance einer Motiv- oder Hintergrundfarbe natürlicher wirkt. Zu einem roten Hintergrund würde beispielsweise ein Schatten in dunklem Scharlachrot oder Rotbraun gut passen.

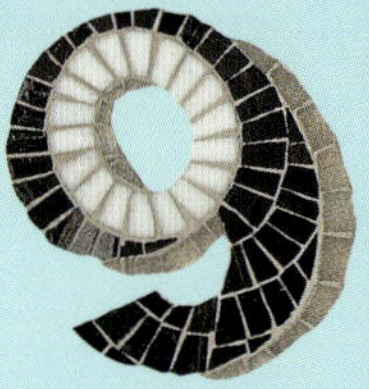

FARBEN

Vorlage

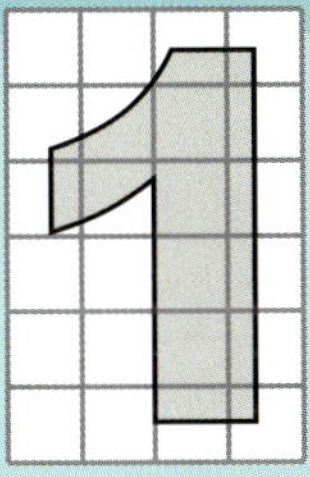

Für eine Bordüre im Kinderzimmer könnten Sie die Zahlen in diesem Kapitel zu einem Fries kombinieren.

Solche betonten Konturen sind besonders für Hausnummern und andere Zahlen geeignet, die sehr gut lesbar sein müssen.

Vorlage

Runde Formen wie diese Tupfen werden immer zuerst zugeschnitten. Es ist viel schwieriger, sie später in die Lücken einer Fläche zu zwängen.

Vorlage

Vorlage

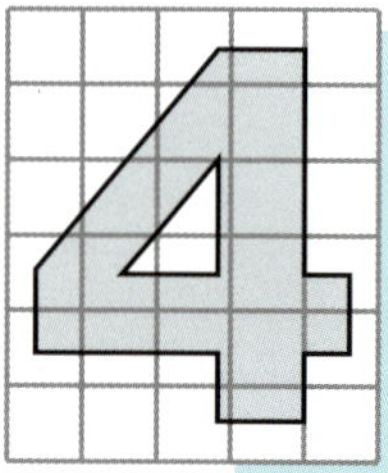

Ein Streifenmuster sollten Sie nach dem Übertragen des Motivs auf der Grundplatte vorzeichnen. Achten Sie dabei auf eine ausgewogene Verteilung.

Fliesenreste eignen sich gut für Craquelé-Effekte, allerdings ist das exakte Zuschneiden mühsam, denn die Fugen dürfen nicht zu breit ausfallen.

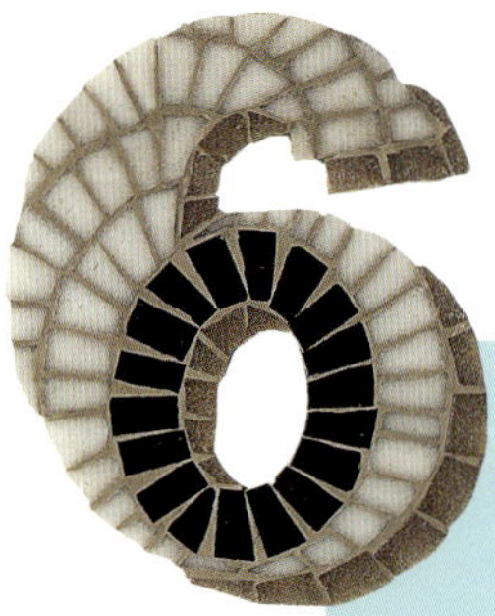

Vorlage

Vorlage

Dieses Muster wirkt besonders attraktiv, wenn man verschiedene Nuancen einer Farbe verwendet.

Vorlage

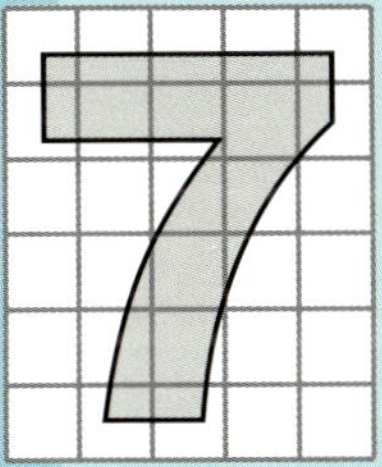

Beginnen Sie solche ausdrucksvollen Querstreifenmuster immer mit dem längsten Streifen, der in diesem Fall an der Oberkante der Zahl liegt. Die Streifen sind etwas breiter als ein halbes Mosaiksteinchen, das erleichtert den Zuschnitt.

Bei diesem Muster beginnen Sie mit den Bögen an den inneren Konturen und füllen anschließend die Fläche aus.

Vorlage

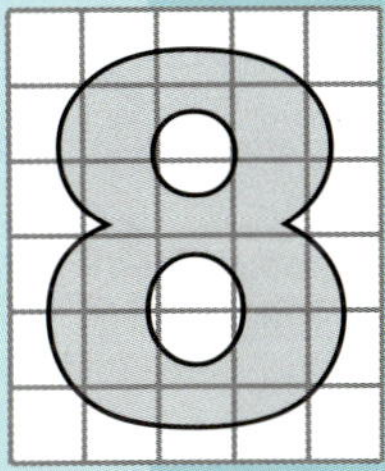

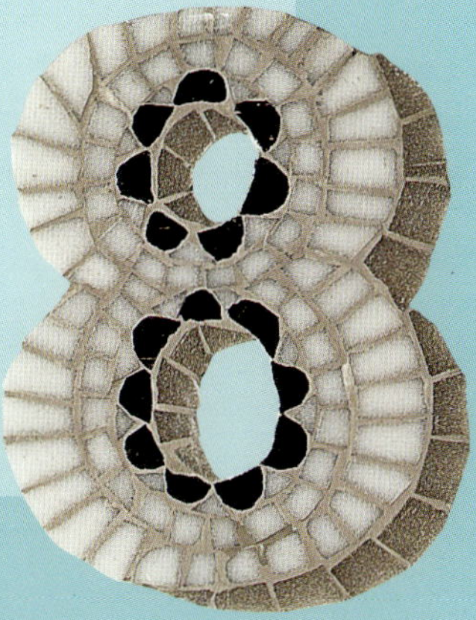

Vorlage

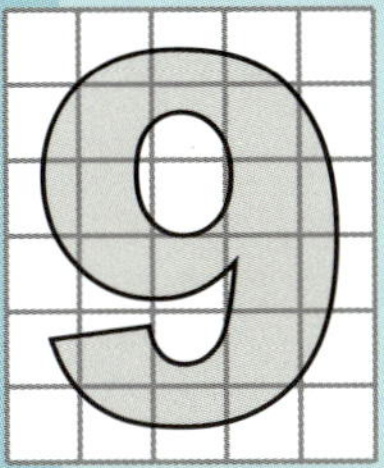

Dies ist die Umkehrung des Füllmusters der Ziffer 6. Auch hier eignet sich eine Gestaltung in ähnlichen Farbtönen.

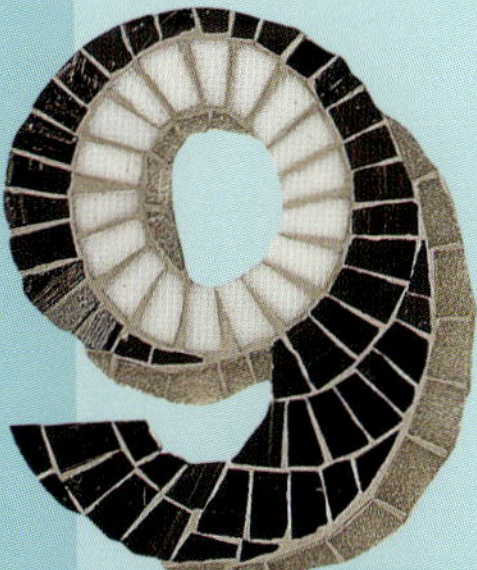

Vorlage

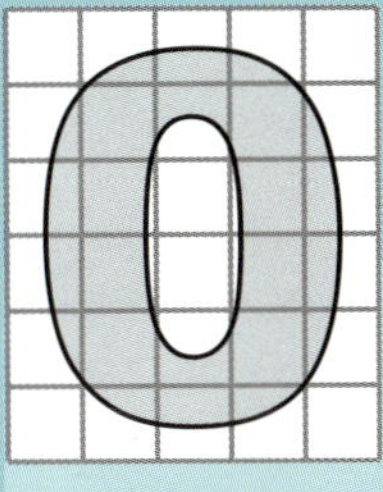

Zuerst werden die Blütenformen geschnitten und aufgeklebt, dann kommt die Restfläche an die Reihe.

SONDER-ZEICHEN

Für andere Schriftzeichen gelten die gleichen Regeln wie für Buchstaben und Zahlen. Das Dollarzeichen unten rechts wurde passend zu seiner Herkunft mit Sternen und einem Streifen verziert. Auch für Namen oder andere Schriftzüge sind viele interessante und individuelle Dekorationen möglich.

Vorlage

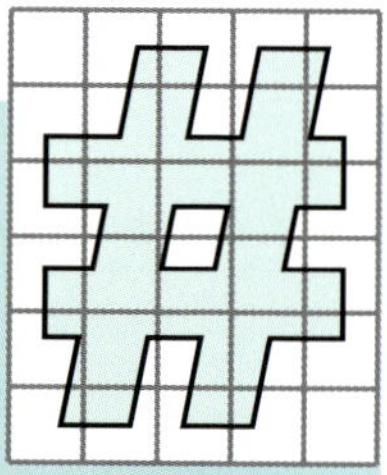

Zu dem kantigen Nummernzeichen passt das Mosaik aus schmal geschnittenen Tesserae, die sich der Neigung anpassen.

FARBEN

Vorlage

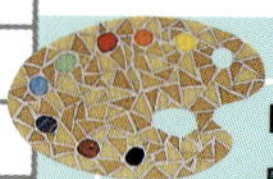

FARBEN

Das kaufmännische „und" eignet sich zum Verkürzen eines Schriftzugs und sieht zudem recht interessant aus. Die Form lässt sich verlängern oder ausschmücken, um beispielsweise die Initialen eines Paars oder einer Gruppe von Kindern dekorativ zu verbinden.

Vorlage

Seit Erfindung der E-Mail ist das „at“-Zeichen allgemein bekannt. Es hat eine attraktiv geschwungene Form, die geradezu dazu auffordert, sie schwungvoll zu verlängern und mit anderen Mosaikteilen zu verflechten.

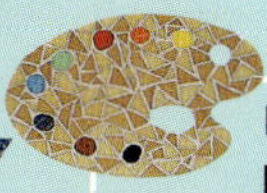

FARBEN

Vorlage

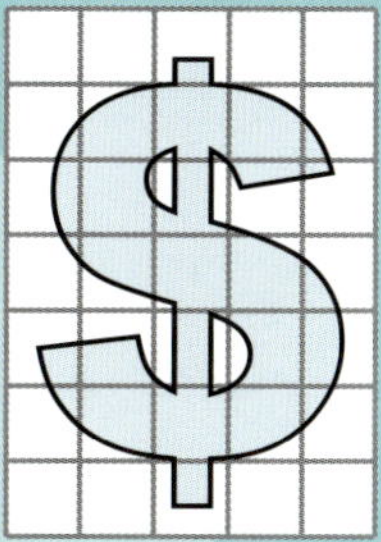

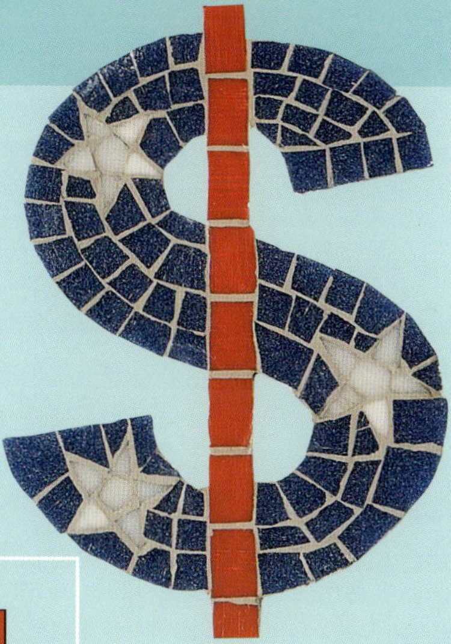

Für das Dollarzeichen sind auch andere originelle Füllmuster denkbar. Wie wäre es mit Ellipsen aus metallischen Tesserae, die wie ein Stapel Münzen aussehen?

FARBEN

TIER-MOTIVE

Dem Charme von Tiermotiven kann sich niemand ganz entziehen. Auf den folgenden Seiten sehen Sie Mosaikideen in verschiedensten Stilen. Manche wirken durch Farbwahl und Verlegemuster sehr naturalistisch, andere sind so stark stilisiert, dass sie fast den Charakter von Karikaturen haben.

FUCHS

Dieses Mosaik fängt das wachsame Wesen des Fuchses überzeugend ein. Das naturalistische Fellmuster aus hellen und dunklen Rotbrauntönen ist schnell zugeschnitten, aber sehr effektvoll.

Vorlage

Für das Fell werden längliche, unregelmäßige Mosaikteilchen zugeschnitten. Die Mischung aus Braun-, Rost- und Terrakottatönen entspricht der natürlichen Färbung des Tiers.

FARBEN

KOMBI-TIPP

Die perfekte Ergänzung zu diesem Motiv ist das Fuchsjunge auf Seite 157.

Vorlage

INDISCHER ELEFANT

Dieses relativ einfache Motiv ist sehr beliebt. Neben Kraft und Schönheit vermittelt es auch eine Prise Schalkhaftigkeit. Zu diesem Elefanten würden auch Glitzersteinchen oder Pailletten gut passen (siehe Seite 35).

FARBEN

Beginnen Sie das Motiv mit der Decke des Elefanten. Sie können aber auch andere Muster aus diesem Buch dafür verwenden.

Nach der Decke werden Gesicht, Stoßzähne und Zehen gearbeitet. Erst dann wird die Fläche des Körpers ausgefüllt.

TUPFEN-ELEFANT

Dies ist eine völlig andere Interpretation des Elefanten mit stilisierter Form und fröhlichem Tupfenmuster.

Vorlage

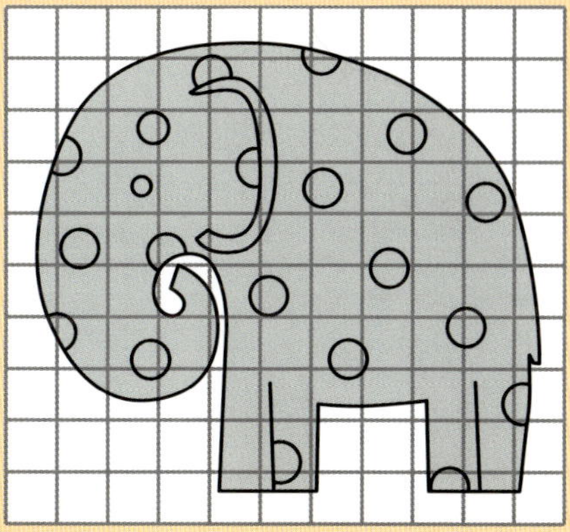

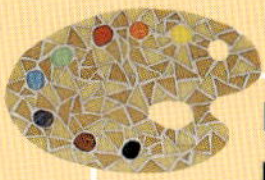

Zuerst werden die bunten Tupfen, das Auge und die Kontur des Ohrs aufgeklebt, dann folgt der Körper in Grau.

Sie könnten auch ein Craquelé-Muster in zwei Grautönen oder anderen Farben wählen. Wichtig ist aber, dass die Tupfen sich gut abheben.

KATZE – GANZ EINFACH

Nur 14 Steinchen, gerade Schnitte – fertig ist die Katze.

Vorlage

Mit Glas-Tesserae fiele dieses Motiv zwangsläufig sehr klein aus. Allerdings sähe eine Bordüre aus vielen kleinen Katzen zauberhaft aus.

Eine freche, witzige Variante erhalten Sie, wenn Sie das Motiv aus großen Haushaltsfliesen in kunterbunten Uni-Farben zusammensetzen.

REHBOCK

Dieses Motiv ist stark stilisiert und wirkt dennoch erstaunlich natürlich. Die übertrieben verlängerten Beine vermitteln einen Eindruck von Geschwindigkeit und betonen die Zartheit des Tiers.

Im Bereich des Körpers ähnelt die Farbgebung zwar der natürlichen Färbung des Tiers, ist aber bei genauerem Hinsehen viel variantenreicher und intensiver.

Die Beine müssen besonders sorgfältig geschnitten und geklebt werden, damit das Gefühl der Zerbrechlichkeit nicht verloren geht.

Vorlage

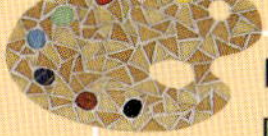

FARBEN

TERRIER

Abgesehen von der kleinen Decke mit Schottenkaro ist der beliebte Hund fast auf seine Silhouette reduziert. Die länglich-schmal geschnittenen Mosaiksteinchen deuten das zottige Fell des Scotchterriers an.

Vorlage

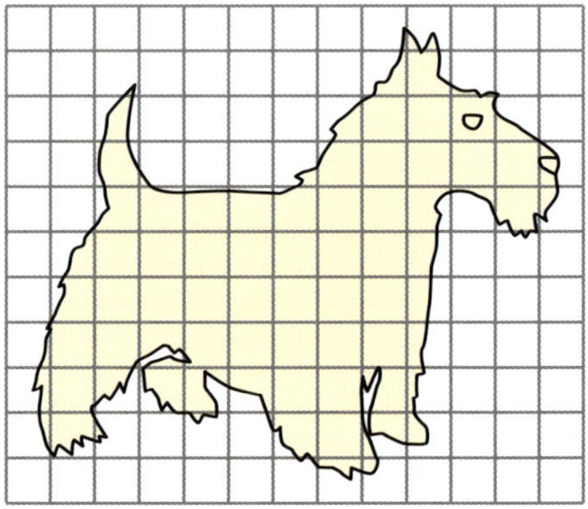

FARBEN

Die Decke könnte man ebenfalls mit einem Monogramm verzieren (siehe Seiten 117–129) oder eines der Muster von den Seiten 76–99 wählen.

Verwenden Sie statt schwarzer Fliesen weiße, und Sie erhalten einen West-Highland-Terrier.

ROSA PUDEL

Dies ist ein Mosaik im Retro-Stil, das auf der schmalen Grenze zwischen Witz und Kitsch balanciert. Der Pudel war der erklärte Modehund der 1950er-Jahre. Hier sieht sein Fell aus bonbonrosa Kreisen aus wie Schaum.

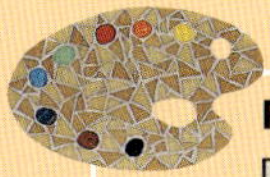

FARBEN

Vorlage

An dieses Motiv sollten Sie sich nur wagen, wenn Sie Übung im Schneiden runder Tesserae haben. Bereiten Sie möglichst gleichmäßige Kreise in verschiedenen Rosatönen vor und sortieren Sie sie nach Größe, bevor Sie mit dem Aufkleben beginnen. Arbeiten Sie zuerst das Fell und danach Beine, Pfoten und Gesicht aus.

Wer es richtig kitschig mag, fügt an Kopf oder Schwanz noch ein Schleifchen hinzu oder arbeitet den Pudel auch ganz in Blautönen.

TUK

Dieser tr markanten Gefieder bel ist unverwech rts gedrehten Kopf akt. Arbeiten nabel von innen nach außen. Es ist er, die kleinen Steinchen auf einer leeren Fläche zu platzieren, als sie später einzupassen. Das Gefieder besteht vorwiegend aus schwarzen und weißen Tesserae mit wenigen Mitteltönen. Abstufungen in Blau und Flaschengrün sind eine reizvolle Alternative.

Vorlage

Für den Hintergrund bietet sich ein Craquelé- oder Blattmuster in Grüntönen an.

Mit einem aufgeklebten Glitzerstein oder einem Puppenauge aus Glas bekommt der Vogel einen besonders eindringlichen Blick.

KOMBI-TIPP

Sie könnten den Ast verlängern und neben den Tukan zur Gesellschaft einen Ara setzen (siehe Seite 148).

FARBEN

UHU

Für dieses Mosaik wurden natürliche Farbtöne gewählt, die – wie beim Indianerporträt auf Seite 219 – an Materialien wie Holz oder Horn erinnern. Beginnen Sie mit der Schulterpartie und arbeiten Sie die langen Federn in einzelnen, senkrechten Bahnen aus regelmäßig geformten Stücken, die aus Tesserae in verwandten Farbtönen geschnitten werden. Platzieren Sie Augen und Ohren sehr sorgfältig, sonst bekommt der Vogel leicht einen unfreiwillig-komischen Ausdruck.

Vorlage

Beim Anordnen der Mosaiksteinchen der senkrechten Federn müssen waagerechte Farbähnlichkeiten möglichst vermieden werden, damit das Gefieder nicht wirr oder unnatürlich wirkt.

Dunkelbraune Tesserae mit unregelmäßigen, gold- oder kupferfarbenen Streifen geben dem Gefieder seine natürliche Ausstrahlung.

FARBEN

ARA

Seidiges Gefieder und hartes Mosaik, das scheint ein Widerspruch in sich zu sein. Dennoch eignen sich Glas-Tesserae ausgezeichnet als Medium für diesen Ara. Verwenden Sie für das Federkleid Tesserae in intensiv leuchtenden Farben und entscheiden Sie selbst, ob Sie eine naturgetreue Farbverteilung bevorzugen oder lieber experimentieren möchten. Achten Sie darauf, die Kraft des Schnabels durch den Zuschnitt der Steinchen zum Ausdruck zu bringen.

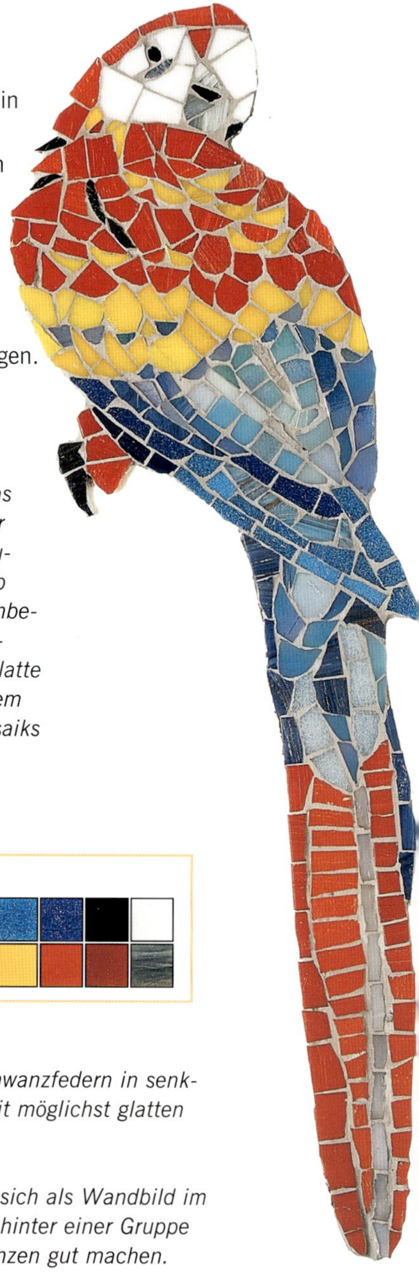

Vorlage

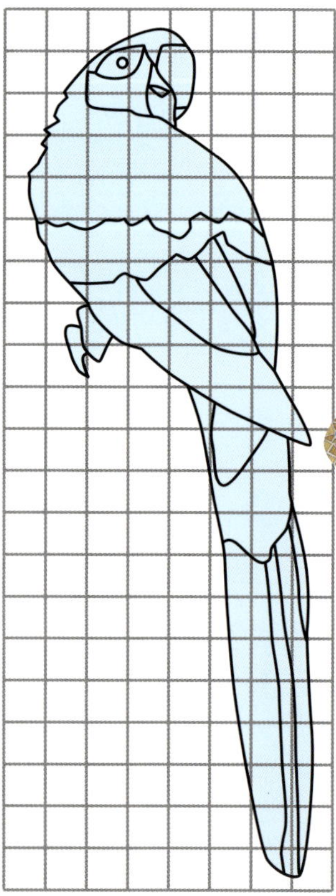

Die Kontur des Aras lässt sich mit einer Stichsäge leicht zuschneiden, deshalb braucht er nicht unbedingt einen Hintergrund. Die Grundplatte muss immer vor dem Aufkleben des Mosaiks zugesägt werden.

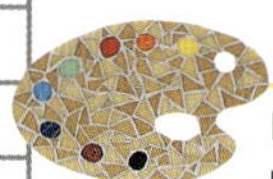

FARBEN

Kleben Sie die Schwanzfedern in senkrechten Bahnen mit möglichst glatten Konturen.

Das Mosaik würde sich als Wandbild im Wintergarten oder hinter einer Gruppe großer Zimmerpflanzen gut machen.

HAHN

Dieser bunte Hahn ist nicht naturalistisch gestaltet, sondern knüpft an Traditionen der russischen Volkskunst an. Stilisierte Blüten- und Blattmotive ersetzen die Federn. Auch andere folkloristische Motive wie Herzen, Tiere oder sogar menschliche Figuren eignen sich als Dekoration.

Vorlage

Beginnen Sie mit den Details wie den Blüten, Kreisen und Blattmotiven.

Wenn das Mosaik auf eine recht dicke Grundplatte geklebt wird, lässt es sich in der Küche als Untersetzer für heiße Töpfe verwenden.

Die Brust des Hahns wirkt plastisch, weil hier die Tesserae dem Verlauf der Körperkontur folgen.

FARBEN

SCHNECKE

Zuerst wird die Kontur gezeichnet, dann kommen die Linien hinzu, die dem Schneckenhaus seine Form geben. Das Zuschneiden der Tesserae verlangt Geduld und Genauigkeit.

Vorlage

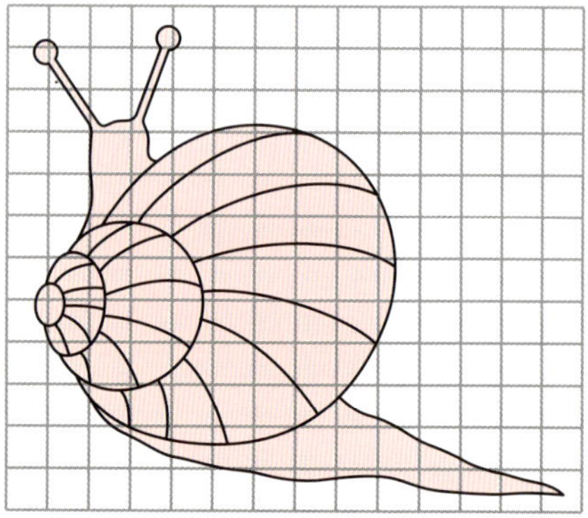

Übertragen Sie das Streifenmuster des Schneckenhauses akkurat auf die Grundplatte.

Damit das Schneckenhaus rund wirkt, werden die einzelnen Farbstreifen separat gearbeitet.

Tesserae mit Perlglanz sehen besonders natürlich aus.

FARBEN

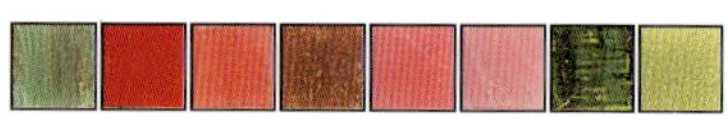

SCHMETTERLING

Die Grundform des Schmetterlings bietet sich für vielfältige Mustervarianten an. Hier füllen konzentrische, vom Körper ausgehende Kreise die Flügelflächen.

Vorlage

Unabhängig vom Muster der Flügel muss bei Schmetterlingsmotiven besonders auf die Symmetrie geachtet werden. Am besten vergrößern Sie nur einen Flügel. Dann drehen Sie das Papier um und legen es auf ein Leuchtpult, um die zweite, spiegelverkehrte Hälfte zu zeichnen.

Für dieses Modell wurden Keramikfliesen verwendet, aus denen man größere Stücke mit sauber konturierten Kanten schneiden kann.

KOMBI-TIPP

Der tropisch-bunte Falter wäre ein schöner Gefährte für den Tukan oder den Ara (siehe Seite 146 und 148).

FARBEN

TURTELTAUBEN

Dieses dekorative Motiv lässt sich schön variieren, indem man die Schnörkel erweitert oder Pailletten und andere glitzernde Materialien einsetzt. Wer so ein Mosaik zur Hochzeit oder Verlobung verschenken möchte, könnte auch die Monogramme des Brautpaars integrieren.

Vorlage

Damit das Motiv symmetrisch ausfällt, vergrößern Sie nur eine Hälfte. Dann übertragen Sie diese auf die Grundplatte, drehen die Vorlage um und fügen die zweite Hälfte hinzu.

Zuerst werden die feinen Details gearbeitet: Augen, Flügel und das Innere der Herzform.

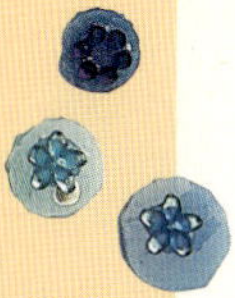

Die Glitzersteine werden mit Zweikomponentenkleber befestigt. Für Tischplatten oder andere Objekte, die Sie gelegentlich feucht abwischen müssen, eignen sich solche Verzierungen nicht.

FARBEN

KOMBI-TIPP

Zu diesem Motiv passt ein Hintergrund oder eine Bordüre aus Spiralmustern (siehe Seiten 78–79).

TIGERKATZE

Sie haben die Wahl, ob Sie diese Katze in natürlichen Farben oder lieber fröhlich-bunt darstellen möchten. Der geringelte Schwanz, der seitlich vor dem Körper liegt, könnte durch kontrastfarbige Tesserae und andersfarbige Fugen noch betont werden.

Vorlage

Hier wurde dunkle Fugenmasse gewählt, die das Rot und Orange zum Leuchten bringt, ohne den optischen Zusammenhalt des Motivs zu stören.

FARBEN

AZTEKEN-ECHSE

Die Körperform und vor allem das Rautenmuster auf dem Rücken der Echse lehnen sich an Motive der südamerikanischen Volkskunst an. Das dekorative Motiv würde sich sehr gut für einen Terrassentisch eignen.

Vorlage

Durch die simple Kontur und die gleichmäßige Verteilung der leuchtenden Farben wirkt dieses Motiv sehr plastisch.

FARBEN

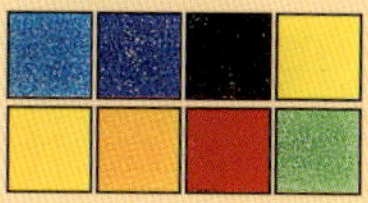

Zuerst werden die Konturen geklebt. Dann zeichnen Sie die Mittellinie des Rückens ein und bauen von dort aus das Muster des Rückens symmetrisch und ausgewogen auf.

Eine reizvolle Variante wäre eine Farbgebung in Erdtönen wie Braun, Ocker und Rot – und dazu ein Craquelé-Hintergrund in ähnlichen Farben.

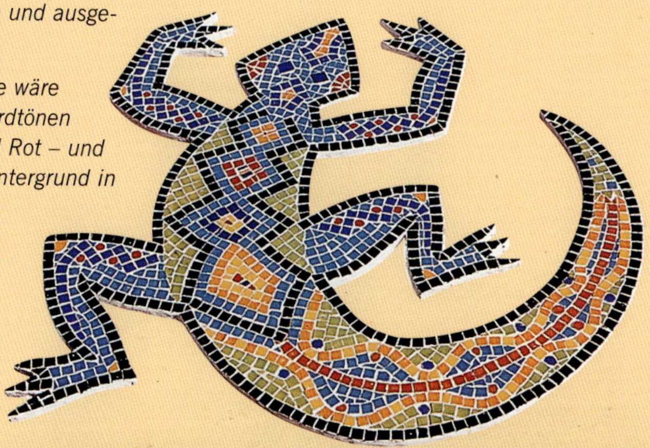

BIENE

Das einfach aufgebaute Bienenmotiv ist auch in kleinem Format vorstellbar, beispielsweise als Ergänzung zu einer Blüte oder einem anderen größeren Motiv.

Wer das Mosaik noch stärker vereinfachen möchte, kann jedes Segment des Körpers aus einem einzigen Stück arbeiten und auf Fühler und Beine ganz verzichten. Solche Mini-Bienen sind eine hübsche Verzierung für Tonkübel mit bunten Sommerblumen.

Vorlage

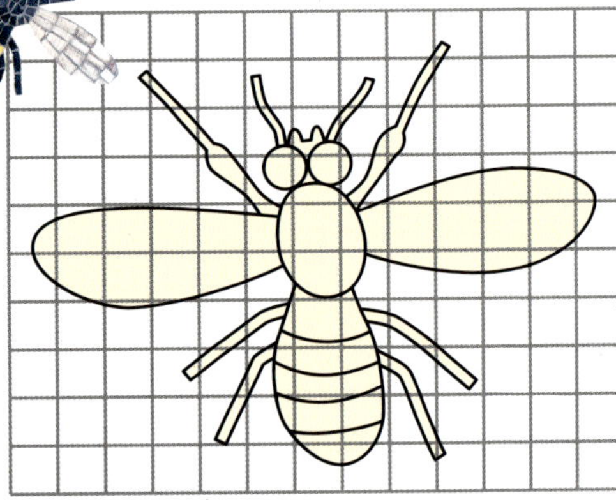

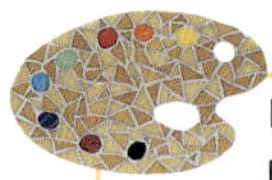

FARBEN

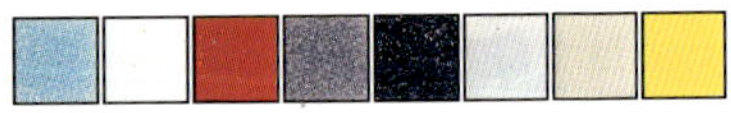

FUCHSJUNGES

Die Leichtigkeit dieses Motivs rührt daher, dass das Mosaik mit recht großen Stücken gearbeitet wurde. Obwohl die Darstellung eher abstrakt ist, wirkt das Tier durch die sanften Farbabstufungen doch erstaunlich natürlich. In diesem Fall ist die weiße Fugenmasse genau die richtige Wahl.

Vorlage

Wie bei allen Tiermotiven spielt die sorgfältige Platzierung von Augen, Nase und Ohren eine wichtige Rolle, damit das Gesicht später nicht verzerrt wirkt.

HIRSCH

Dieser springende Hirsch erinnert an ein Fabelwesen mit unterschwellig unheimlicher Ausstrahlung. Die ruhige Ton-in-Ton-Gestaltung passt sehr gut zu diesem Motiv.

Vorlage

Das Schneiden der Tesserae ist nicht schwierig, doch erst die akkurate Verlegung in fließenden Linien gibt dem Motiv seine Dynamik.

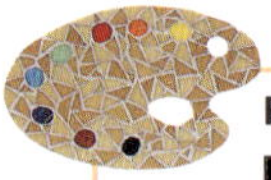

FARBEN

PINGUINE

Die liebenswerten Vögel mit dem schwarz-weißen Frack bieten sich für ein Mosaik förmlich an. Sie kommen vor fast allen Hintergrundfarben gut zur Geltung.

Zuerst werden die Pinguine gearbeitet – jeweils am Auge beginnend. Anschließend fügen Sie den Hintergrund hinzu.

Vorlage

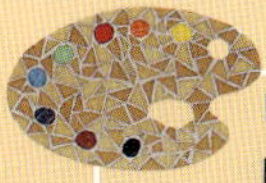

FARBEN

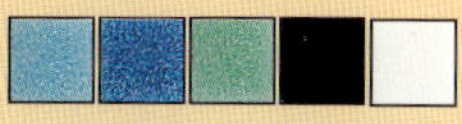

Mit seinem naturalistischen Hintergrund in kühlen Blau- und Türkistönen passt dieses Motiv gut in eine Dusche oder ein Bad.

STIER

Dieser stattliche Stier ist eher ein Verwandter des Minotaurus als des gescheckten Milchviehs. Der Zuschnitt der Mosaiksteinchen ist einfach. Kraftvoll wirkt das Motiv durch die dunkleren Konturen, die jedoch nicht schwierig zu verlegen sind.

Vorlage

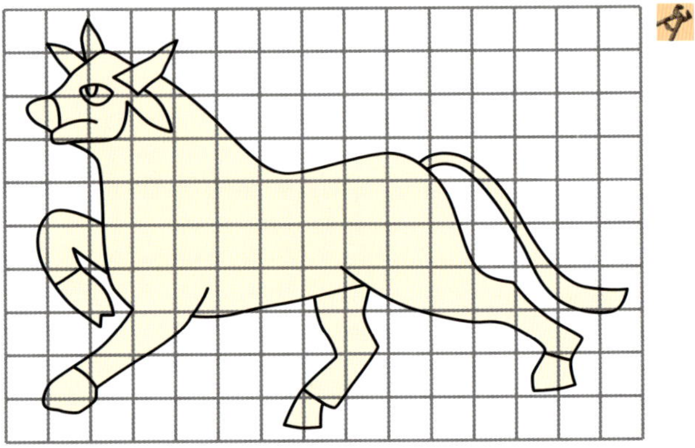

FARBEN

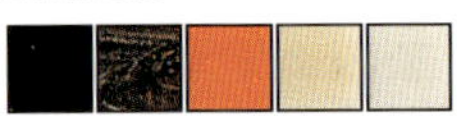

GANS

Das einfache, fröhliche Motiv eignet sich für einen Untersetzer, könnte aber auch mit anderem Federvieh zu einem Fries an der Küchenwand kombiniert werden. Eine hübsche Dekoration ist der Glitzerschmetterling, der mit einem kleinen Tropfen Leim einfach auf das Mosaik aufgesetzt wird.

Vorlage

FARBEN

Sie beginnen mit dem Auge und der Flügellinie, dann folgen die weiteren Details.

KOMBI-TIPP

Zu diesem ländlichen Motiv passt der Hahn auf Seite 149.

ENTEN

In den 1950er-Jahren hingen in vielen Wohnzimmern Bilder auffliegender Wildenten, an die sich dieses Motiv anlehnt. Warum gestalten Sie nicht gleich eine ganze Familie? Unten wurden natürliche Farbtöne verwendet, während rechts fantasievolle bunte Varianten zu sehen sind.

Vorlage

Zeichnen Sie sich vor dem Zuschneiden der Tesserae die Farbverteilung auf, damit Sie wissen, wie viele Steinchen je Farbe Sie benötigen.

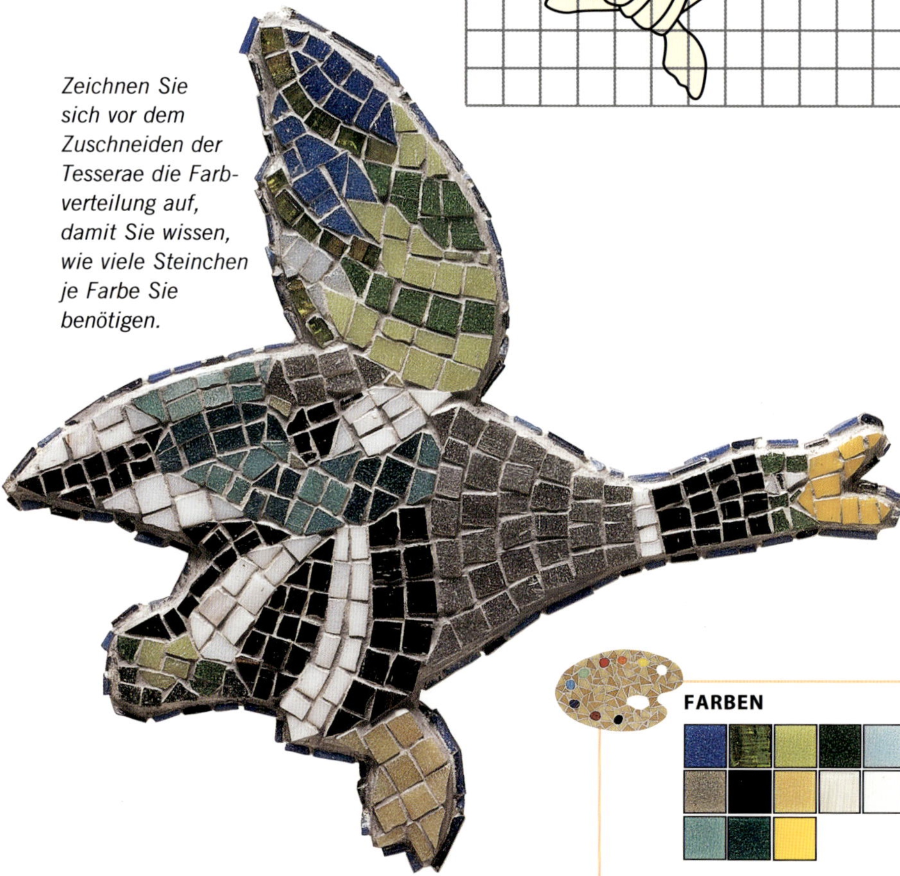

FARBEN

FARBEN

Aus großen Keramikfliesen sind größere, einfarbige Flächen schnell zugeschnitten.

Was spricht gegen eine Flower-Power-Ente mit fröhlichen Blumen auf Flügeln und Brust?

FARBEN

UNTER-WASSERWELT

Meeresmotive spielen in den Mosaiken der römischen Antike eine große Rolle. Das mag damit zusammenhängen, dass die Mosaike oft Thermen und Badeanstalten schmückten, in denen das Element Wasser im Vordergrund steht. Viele der Motive in diesem Kapitel eignen sich für ähnliche Zwecke, etwa als Spritzschutz über Waschbecken und Spüle oder als Dekor im Bereich eines Schwimmbeckens. Damit solche Mosaike wasserfest sind, müssen spezielle Kleber, Fugenmassen und Grundplatten verwendet werden. Im Außenbereich ist außerdem wichtig, dass alle Materialien frostbeständig sind.

DELFINE

Das symmetrische Mosaik mit zwei Delfinen, spiegelbildlich um Neptuns Dreizack angeordnet, weckt Assoziationen mit den Bädern der römischen Antike.

Vorlage

Damit die Delfine symmetrisch ausfallen, vergrößern Sie nur einen und drehen die vergrößerte Vorlage zum Zeichnen des zweiten um.

Der Hintergrund folgt weitgehend den Konturen der Delfine. Auch dies ist ein Merkmal, welches das Motiv mit klassischen Vorbildern verbindet.

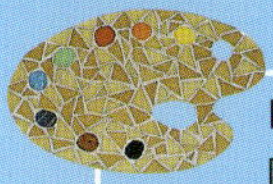

FARBEN

DISKUSFISCH

Alle Fische dieser Doppelseite basieren auf den gleichen Farben, allerdings sind die kleineren Tiere insgesamt zarter gefärbt. Die einfache Fischform ist leicht auszufüllen und bietet viel Spielraum zum Experimentieren mit Farben und Mustern. Einfache Streifen sind ebenso effektvoll wie komplexeres Craquelé. Der Fisch eignet sich als eigenständiges Motiv, könnte aber auch in ein wandgroßes Mosaik in einem Bad integriert werden.

Soll der Fisch als Einzelmotiv gearbeitet werden, schneiden Sie die Grundplatte vorher mit einer Stichsäge zu. Der Bereich zwischen Schwanz und Flossen muss mit mehreren Sägeschnitten vom Rand her ausgesägt werden. Wenn Sie versuchen, so enge Kurven in einem Arbeitsgang zu sägen, riskieren Sie, dass sich das Sägeblatt verklemmt.

FARBEN

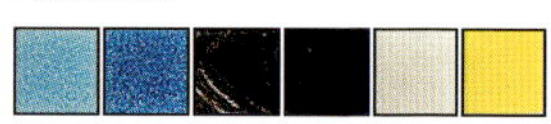

Exotisch bunte Tropenfische laden zu fantasievollen Experimenten mit Farben und Mustern ein. Vor allem Mosaikmaterialien mit Metallic- oder Perlglanz bieten faszinierende Gestaltungsmöglichkeiten.

Vorlage

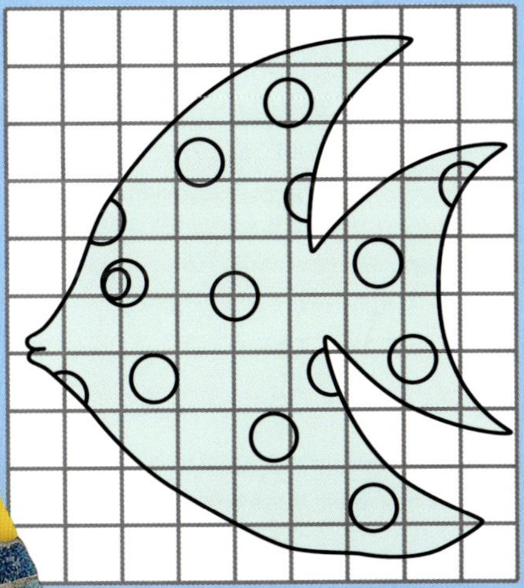

KOMBI-TIPP

Für solche Fische eignen sich viele der Füllmuster, die in diesem Buch vorgestellt werden. Ideen liefern die Buchstaben (Seiten 117–131). Sie könnten die Fische auch durch Schlagschatten (siehe Seite 132) zum „Schweben“ bringen.

GOLDFISCH

Dieses Motiv ist in Form und Proportionen recht realistisch, erhält aber durch die Farbgebung einen geometrischen Aspekt. Im Gesicht wurden Glas- und Perlglanz-Tesserae verarbeitet, die durch ihre halbtransparente Wirkung sehr interessant wirken.

Vorlage

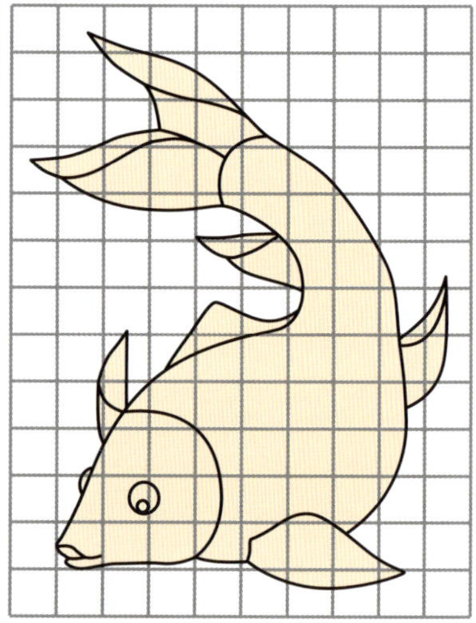

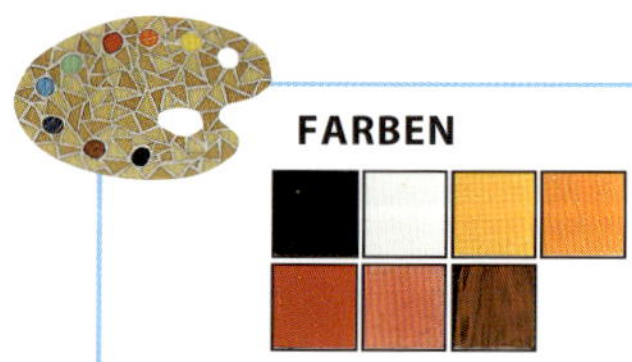

FARBEN

Es ist hilfreich, schon beim Vorzeichnen die Linien für den Verlauf der Schuppen zu markieren. Die Rundung der Linien lässt den Fisch plastisch wirken.

Das Auge ist bei solchen Motiven immer ein besonderer Blickfang. Stellen Sie sich darauf ein, dass der Zuschnitt des runden Mittelpunkts und des hellen Rings nicht direkt beim ersten Versuch gelingt.

Schneiden Sie reichlich Schuppen und dunklere Dreiecke auf Vorrat, damit Sie mit verschiedenen Kombinationen experimentieren können, um die beste Anordnung herauszufinden.

SEEPFERDCHEN

Der facettenartig gegliederte Körper eines Seepferdchens lässt sich als Mosaik ausgezeichnet darstellen. Die Tesserae entlang der Wirbelsäule sind leicht konkav geschnitten, um die Schuppen anzudeuten.

FARBEN

Ganz in Brauntönen würden diese Seepferdchen sehr realistisch wirken.

Vorlage

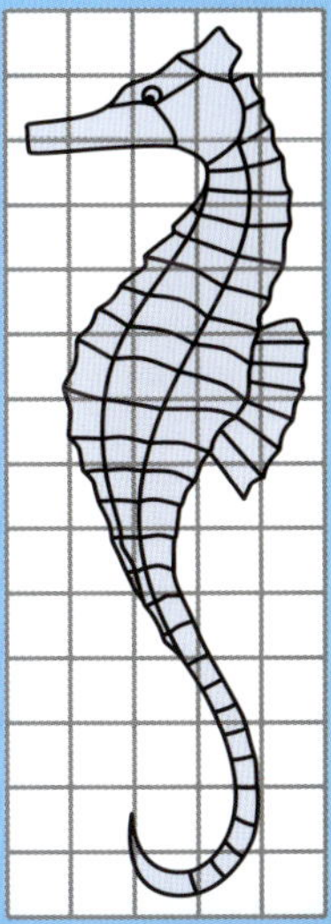

Beginnen Sie am Rücken und gestalten Sie den schwungvollen Schwanz nicht zu kurz.

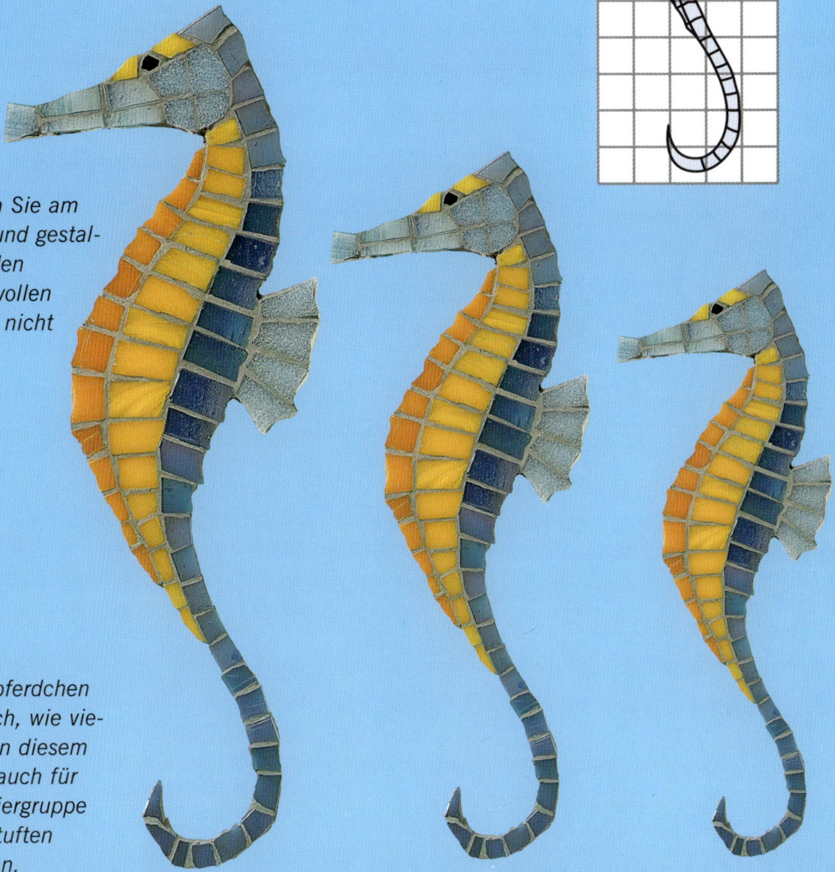

Das Seepferdchen bietet sich, wie viele Tiere in diesem Kapitel, auch für eine Dreiergruppe in abgestuften Größen an.

SCHNECKENHAUS

Das Motiv orientiert sich an Farben und Mustern, die man von echten Meeresschnecken kennt. Nur durch viel Sorgfalt beim Zuschneiden lässt sich eine so natürliche Wirkung erzielen.

Vorlage

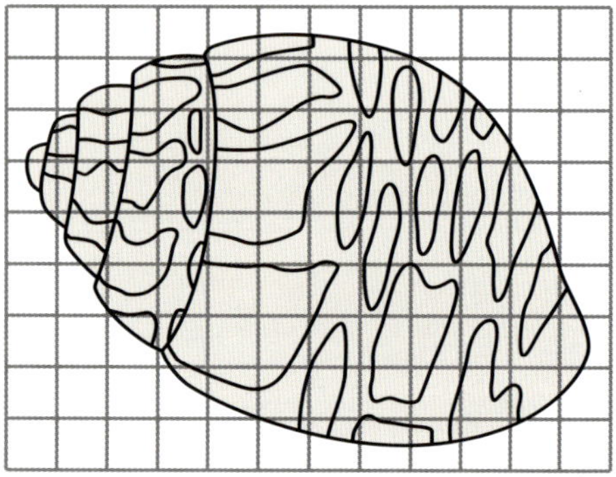

Für dieses Motiv könnten Sie als Mosaikmaterial auch Schneckenhäuser und Muscheln vom Strand verwenden.

Füllen Sie zuerst die dunkleren Flächen und arbeiten Sie die Konturen mit der Zange rund. Dann werden die Zwischenräume mit kleinen Stücken aus hellerem Material gefüllt.

Tesserae mit Perlglanz passen ausgezeichnet zu diesem Motiv.

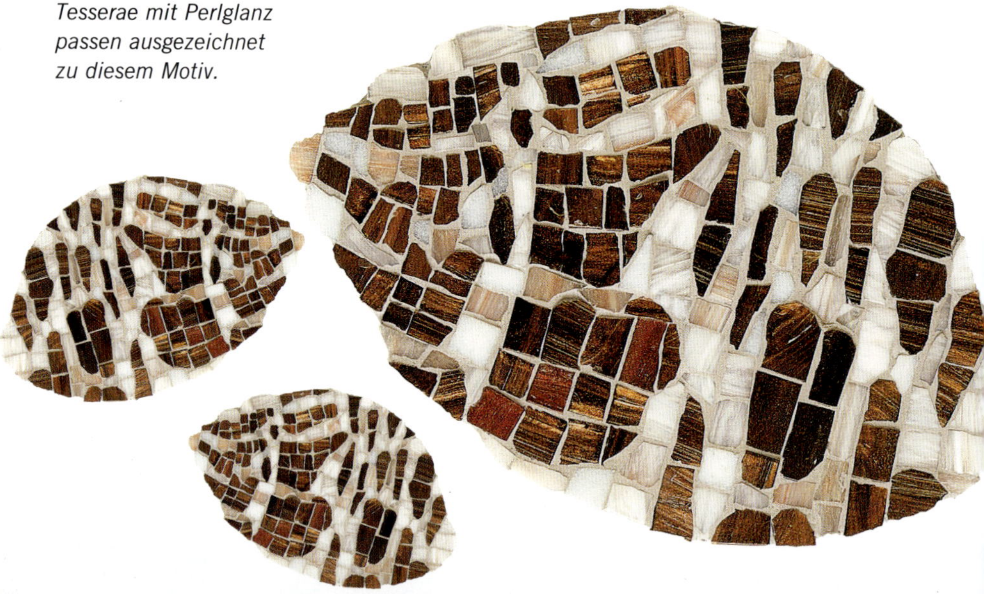

MEERES-SCHNECKE

Warme Rosatöne passen wunderbar zu diesem exotischen Schneckenhaus. Sie könnten sich bei der Farbwahl auch an Schneckenhäusern orientieren, die Sie selbst am Strand gesammelt haben.

Vorlage

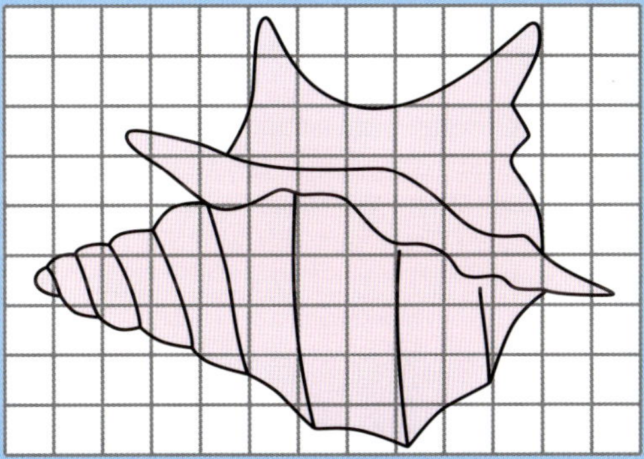

FARBEN

KOMBI-TIPP

Dieses Schneckenhaus ergäbe einen schönen Sitz für die Meerjungfrau auf Seite 220.

Für die Innenseite des Schneckenhauses werden deutlich hellere Farben verwendet.

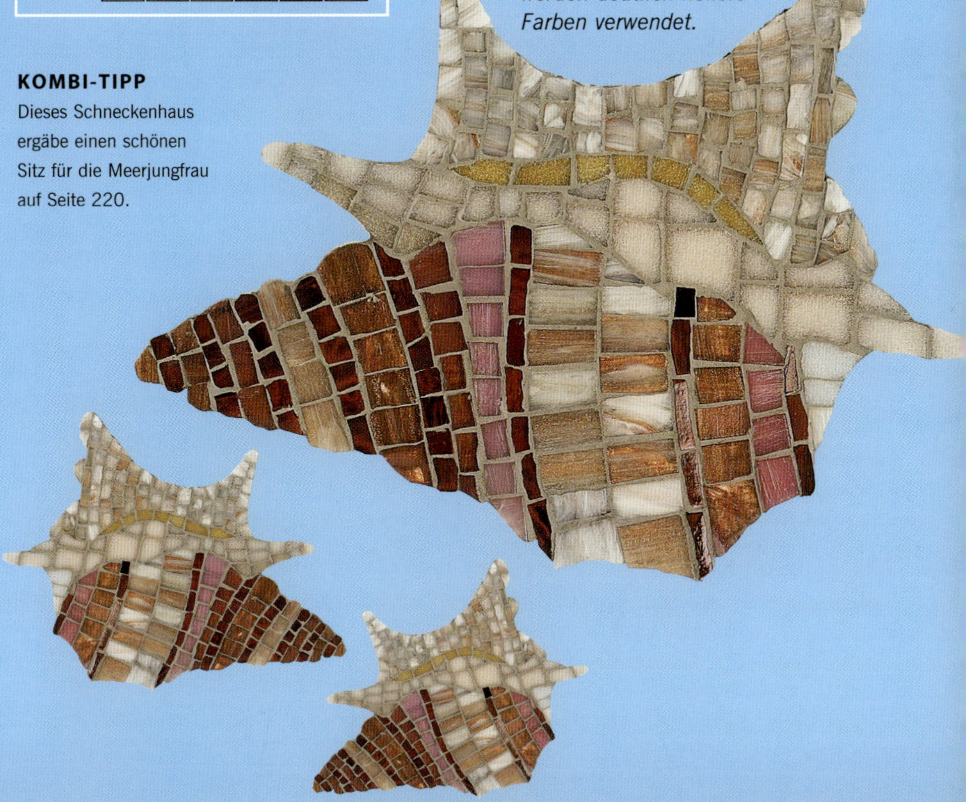

SEESTERN

Der Seestern ist ein Modell für Anfänger, das leicht gelingt. Die Farben sind vereinfacht, aber noch relativ realistisch: Gelb für den Stern, ein Hintergrund in Meerestönen. Wer mehr Details einfügen möchte, könnte die Mosaikstücke kleiner zuschneiden und die Arme mit einem strahlenförmigen Tupfenmuster weiter verzieren.

Vorlage

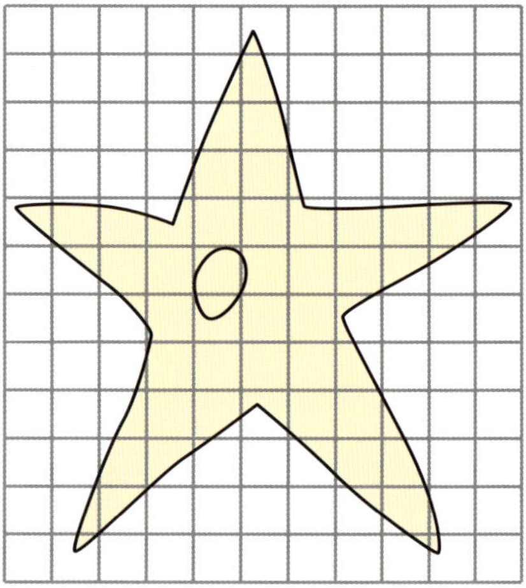

Beginnen Sie mit dem Punkt in der Mitte. Dann folgt der Stern, anschließend der Rahmen aus quadratischen Stücken. Zum Schluss wird der Hintergrund gefüllt.

TURMSCHNECKE

Am Strand findet man zahlreiche Anregungen für reizvolle Mosaike. Fast alle Schneckenhäuser sind geeignet, weil sich ihre Formen und Strukturen mit geometrischen Steinchen gut nachbilden lassen.

Vorlage

FARBEN

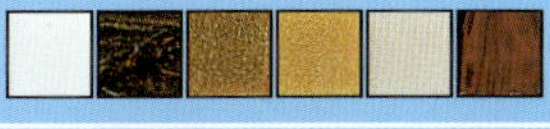

Dunkelrote Akzente beleben die sanften Naturtöne dieses Motivs.

Bei solchen natürlichen Motiven sollten Sie sich Hilfslinien für die Reihen der Mosaiksteinchen vorzeichnen, damit Ihnen die weichen Rundungen besser gelingen.

Das Muster des Hintergrunds erinnert an weiche Wellen und zeichnet gleichzeitig die Kontur der Schnecke sehr schön nach.

DELFIN-KREIS

Darstellungen von Delfinen, die aus dem Wasser springen und Menschen auf ihrem Rücken tragen, findet man häufiger in antiken Mosaiken. Dieses schöne Motiv eignet sich perfekt für eine kreisrunde Tischplatte.

FARBEN

Vorlage

Zeichnen Sie mit Winkelmesser und einem langen Lineal Hilfslinien vor, um die Delfine gleichmäßig zu verteilen. Sie können die Anzahl selbst bestimmen. Wenn sie aber spiegelbildlich angeordnet sein sollen, ist eine gerade Zahl erforderlich.

Der Kreis aus ganzen Tesserae gibt dem Motiv einen schönen Rahmen. Für eine Tischplatte ist er außerdem sehr praktisch, weil er keine scharfen Schnittkanten hat.

MÖWE

Als Vorlage für dieses Motiv diente eine Illustration aus einem alten Buch. Ein Vogelkundler könnte Fehler in der Darstellung finden, dennoch wirkt dieser Vogel mit den ausgebreiteten Flügeln aus sorgfältig zugeschnittenen Mosaiksteinchen sehr lebensecht.

Vorlage

Feine Farbabstufungen und Akzente aus Tesserae mit Perlglanz sorgen dafür, dass das Gefieder nicht matt oder farblos wirkt.

Bei fast allen Vogelmotiven ist es wichtig, dass die zarten Beine sehr vorsichtig und genau geschnitten werden.

Versuchen Sie, auch den Schatten auf der Bauchseite des Vogels darzustellen.

Beginnen Sie am Kopf und schließen Sie die Mosaikreihen des Körpers mit einem leichten Aufwärtsschwung an.

FARBEN

KINDERMOTIVE

Kinder können sich für die bunten Farben und die glänzende Oberfläche von Mosaiken begeistern. Weil im Kinderzimmer die Stilvorstellungen der Erwachsenenwelt nur bedingt gelten, brauchen Sie bei der Gestaltung von Kindermosaiken Ihre Fantasie nicht zu zügeln.

Vorlage

TEDDYBÄR

Der beste Freund aller Kinder ist ein großartiges Motiv für jedes Kinderzimmer. Schleife und Gesichtsausdruck können beliebig variiert werden – die beweglichen Puppenaugen sind nur eine von vielen Möglichkeiten. Der Teddy verträgt sich gut mit der Puppe auf Seite 184.

Die Wackelaugen werden mit einem Tropfen Klebstoff befestigt.

Eine schöne Alternative zur Schleife ist ein Kindermonogramm (siehe Seiten 117–129).

FARBEN

Vorlage

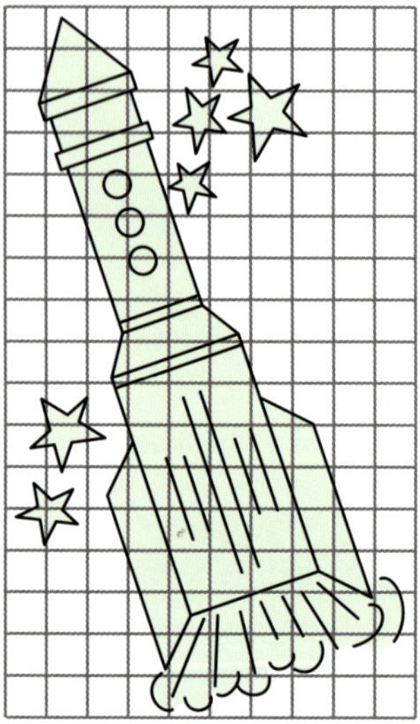

RAKETE

Die NASA wäre mit Form und Farbgebung dieser Rakete vielleicht nicht ganz einverstanden, doch das macht keinem Kind etwas aus. Das Zuschneiden der vielen Musterteile, insbesondere der kleinen Kreise der ersten Stufe, ist allerdings recht mühsam.

Schneiden Sie einen Vorrat von Kreisen in verschiedenen Größen zu und schieben Sie sie auf der Grundplatte hin und her, bis Sie eine sehr dichte Anordnung gefunden haben.

KOMBI-TIPP

Die Spiralen der Seiten 78–79 könnten für ein Feuerwerk am Himmels-Hintergrund verwendet werden.

FARBEN

DAMPFLOKOMOTIVE

Dies ist ein für Anfänger geeignetes Modell. Die Lok ist einfach zu zeichnen und sieht auch noch gut aus, wenn die Tesserae nicht ganz akkurat verlegt werden. Damit alle Räder auf einer Höhe liegen, sollten Sie eine Hilfslinie mit Bleistift zeichnen. Der Rest ist eine spielerische Übung mit Farben und Formen.

Sie können die Lok mit einem Monogramm verzieren oder weitere Wagen anhängen und einen Namen darauf schreiben. Motive wie der Teddybär und die Puppe passen auch gut zu der einfachen Eisenbahn.

FARBEN

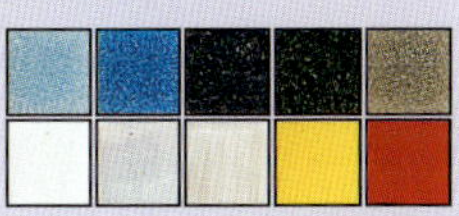

Vorlage

Wie wäre es mit witzigen Dampfwolken aus Spiralen oder anderen ungewöhnlichen Formen?

BLUMENFEE

Dieses hübsche Motiv kann auch in kleinem Maßstab gearbeitet werden, weil Haare und Blüte das Ausarbeiten des Gesichts überflüssig machen. Perlglanz-Tesserae mit ihrem zarten Schimmer sind die ideale Wahl. Ganz bezaubernd ist eine Bordüre aus Feen mit Röcken in verschiedenen Pastellfarben und darauf abgestimmten Blüten.

Zuerst die Blüte zuschneiden und befestigen, dann die Haare arbeiten.

Vorlage

FARBEN

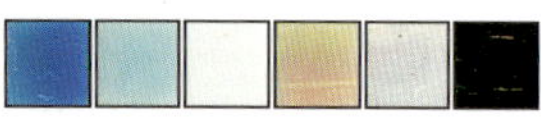

Das Motiv kann auch aus größeren Keramikfliesen gearbeitet werden. Dann brauchen Sie für jeden Zipfel des Rocks nur ein einziges Stück.

WALDELF

Der kleine Elf passt gut zu der Fee auf der gegenüberliegenden Seite, auch wenn sein Wesen nicht ganz so freundlich ist. Die Flügel sind aus Spiegelglas zugeschnitten. Dabei ist Vorsicht geboten, denn es splittert leicht und ist sehr scharfkantig. Handschuhe und eine Schutzbrille sind unbedingt nötig, außerdem sollten Sie die Kanten der Spiegelfragmente mit Schleifpapier entschärfen. Wackelaugen verleihen dem Elfen einen verschmitzten Blick.

Wie immer kommen zuerst die Details an die Reihe – das Gesicht und die Tupfen des Pilzes.

Durch die farblich abgestuften Streifen wirkt der Stiel des Pilzes plastisch.

Vorlage

FARBEN

DINOSAURIER IN GRAUTÖNEN

Damit dieser Dinosaurier so überzeugend dreidimensional wirkt, müssen die vielen Details sehr genau geschnitten werden. Beachten Sie die Verteilung der Farbtöne, die Schatten und Lichtreflexe andeutet. In abgestuften Grün- oder Olivtönen würde das Urtier noch realistischer aussehen.

Vorlage

FARBEN

Versuchen Sie beim Übertragen der vergrößerten Vorlage auf die Grundplatte, die Rundung des Rückens in einem Schwung zu zeichnen.

ROTER DINOSAURIER

Für dieses Motiv wurde die Vorlage von der vorherigen Seite einfach umgedreht. Das Füllmuster eignet sich gut für Anfänger, weil nur wenige Mosaiksteinchen geschnitten werden müssen. Beim schwungvollen Schwanz sollte allerdings recht akkurat gearbeitet werden.

FARBEN

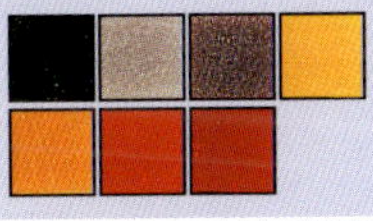

Dieses einfache Dinosaurier-Modell ist mit einem Kindermonogramm verziert. Im Alphabet auf den Seiten 117–129 finden Sie weitere Vorlagen für Buchstaben.

Um die Größe des Sauriers zu betonen, könnten Sie dazu einen Wald aus winzigen Bäumen entwerfen.

Vorlage

PUPPE

Dieser Entwurf fasst die Grenzen des Mediums Mosaik etwas weiter. Die großflächigen Formen von Oberteil und Kragen sind aus Keramikfliesen geschnitten, ebenso wie der ovale Kopf. Haare und Gesicht wurden mit speziellen Keramikfarben aufgemalt und im Ofen eingebrannt.

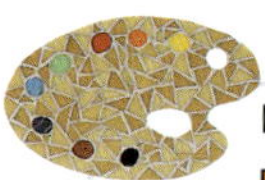

FARBEN

Echte Knöpfe schmücken die Vorderseite des Oberteils.

Der Rock wirkt weit und bauschig, weil die Tesserae in weichen Bögen verlegt wurden. Um Falten anzudeuten, sind einige Blüten geteilt und leicht versetzt.

Vorlage

CLOWN

Der dumme August mit dem breiten, weiß umrahmten Mund und den übertriebenen Augenbögen stand Pate für dieses Motiv. Ein einzelnes, helles Mosaiksteinchen bildet einen Lichtreflex auf der knallroten Nase.

Die Verbreiterung der Augenbrauen im oberen Bereich verlangt Sorgfalt beim Zuschnitt.

Für die plastische Wirkung sorgt hier die leichte Krümmung der Kreuzchen in den Augen und die Farbabstufung des Huts.

FARBEN

KOMBI-TIPP

Dem Clown würde eine farbenfrohe Schleife, wie sie der Teddy auf Seite 177 trägt, sehr gut stehen.

FLIEGENDE MAUS

Das witzige Motiv für die Kinderzimmerwand ist gar nicht schwierig nachzumachen. Persönlicher wird es, wenn der Drachen das Monogramm des Kindes trägt (siehe Seiten 117–129).

Vorlage

KOMBI-TIPP

Sie könnten für den Drachen auch Motive der Blüten und Bordüren von den Seiten 76–79 verwenden.

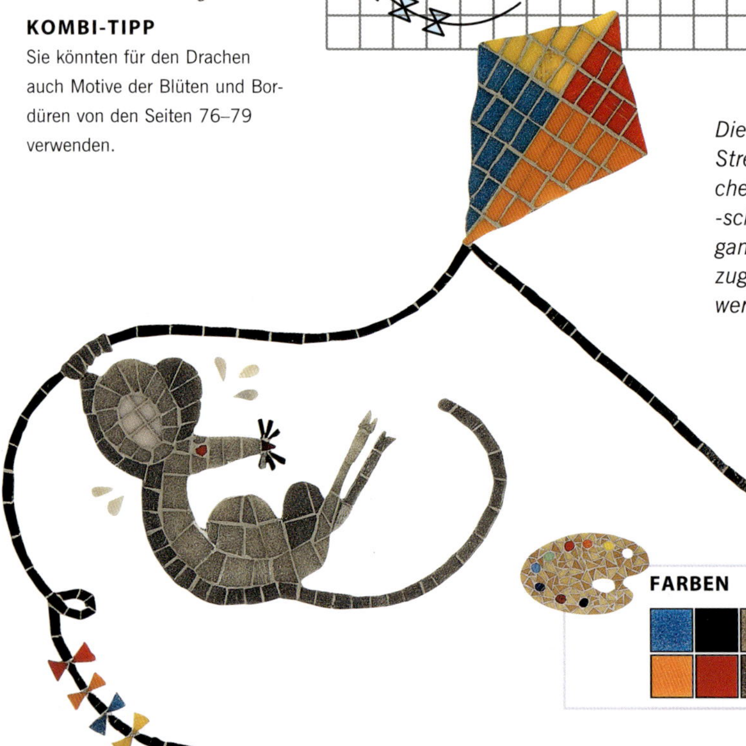

Die schmalen Streifen für Drachenschnur und -schwanz müssen ganz gleichmäßig zugeschnitten werden.

FARBEN

FESSELBALLON

Der Heißluftballon ist ein schönes Einzelmotiv, kann aber auch in ein Landschaftsbild integriert werden. Seine große Oberfläche bietet viel Spielraum für die individuelle Gestaltung.

Vorlage

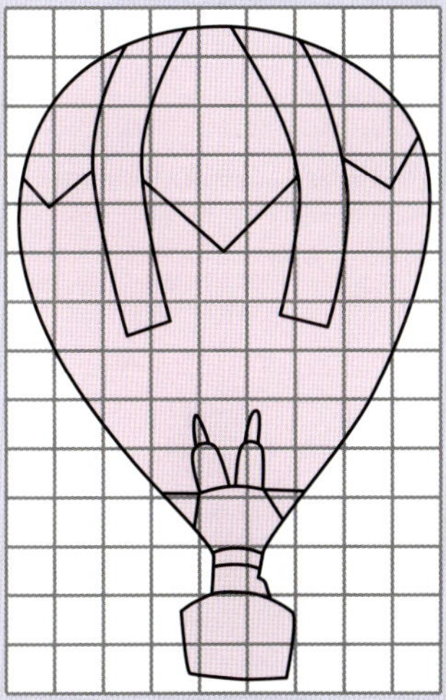

Damit das symmetrische Verlegen der Mosaiksteinchen für die „Stoffbahnen“ leichter fällt, sollten Sie Hilfslinien vorzeichnen.

FARBEN

Die leuchtend gelben Streifen betonen die bauchige Form des Ballons. Im Bereich der Ballonkontur müssen sie sehr genau geschnitten werden, um eine glatte Linie zu erhalten.

FUSSBALL

Fußballfans gibt es in allen Altersklassen und dieses Mosaik eignet sich gut als ganz persönliches Geschenk. Bei entsprechender Vergrößerung könnte das runde Motiv auch eine Tischplatte schmücken.

Vorlage

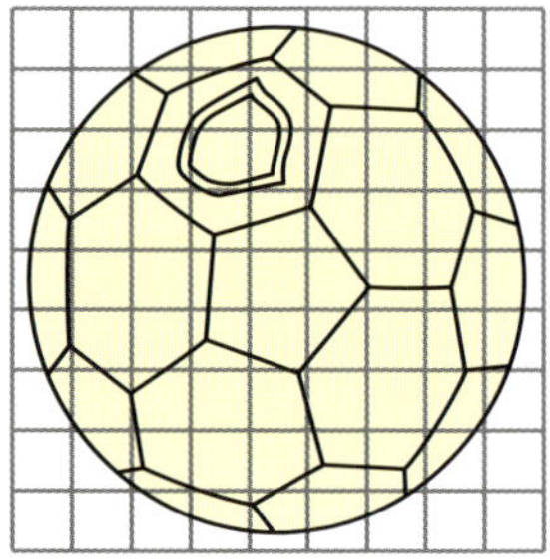

FARBEN

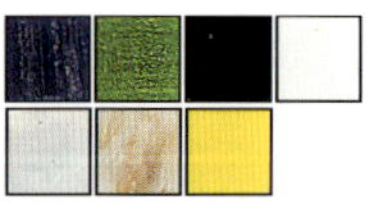

Hier wurde das Wappen eines Fußballvereins in das Mosaik integriert. Wenn Ihnen ein Wappen zu schwierig ist, können Sie den Ball in den Vereinsfarben des jungen Fans gestalten. Nehmen Sie sich Zeit, um den Aufbau eines Fußballs genau anzusehen. Er besteht aus Fünfecken, die ringförmig von Sechsecken umgeben sind.

Statt weißer Mosaiksteinchen wurden für dieses Mosaik Bruchstücke von altem Geschirr verwendet. Die dunklen Fugen verbinden das Motiv zu einem Ganzen, wurden aber rund um die hellen Sechsecke etwas breiter angelegt, um deren Form zu betonen.

TANZENDE GAUKLER

Die Figuren bewegen sich so akrobatisch, als seien sie Zirkuskünstler oder Marionetten. Die Vorlage zeigt die eigenartige Haltung ihrer schlaksigen Gliedmaßen.

Vorlage

Bei einer Figur sind die Beine längs gestreift, bei der anderen quer. Auch Tupfenmuster in einer Positiv- und einer Negativvariante könnten sehr hübsch aussehen.

FARBEN

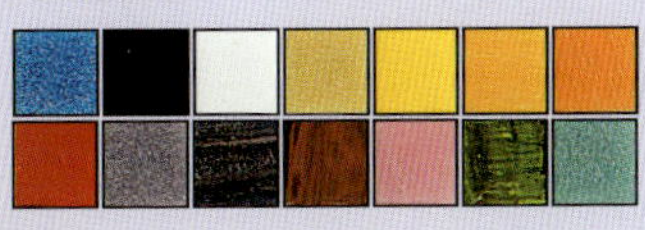

Ein weiteres interessantes Detail liefert der Hintergrund: Eine Reihe der Tesserae schmiegt sich direkt an die Konturen der Gaukler an, die übrigen sind in einem geradlinigen Muster verlegt.

BLÜTEN UND BLÄTTER

In diesem Kapitel bekommen Sie vielfältige Anregungen für Mosaikblüten und -blätter – manche ganz einfach, andere sehr komplex. Auch die Stimmungen, die sie vermitteln, sind ganz unterschiedlich. Blüten lassen Ihnen viel Wahlfreiheit in der Farbgestaltung, sodass sich immer neue Variationsmöglichkeiten ergeben.

EINFACHE BLÜTE

Sie ist das einfachste Blütenmotiv in diesem Kapitel und eignet sich sehr gut für Anfänger. Sägen Sie die Grundplatte vor dem Bekleben aus, dann können Sie das fertige Mosaik als Untersetzer in der Küche verwenden oder eine Blumenvase darauf stellen.

Vorlage

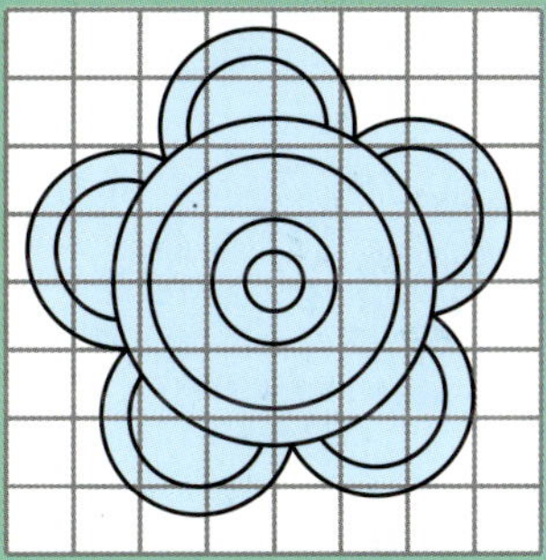

Zeichnen Sie die Kreise mit einem Zirkel vor oder verwenden Sie Teller und Schüsseln in verschiedenen Größen als Schablonen.

Beginnen Sie mit dem Punkt in der Mitte und arbeiten Sie sich Kreis für Kreis nach außen vor. Dann folgen die Blütenblätter und zum Schluss die Konturen.

Gestalten Sie mehrere Blüten in verschiedenen Farbkombinationen und experimentieren Sie auch mit der Fugenfarbe. Färben Sie die Fugenmasse ein, sodass sie zu einigen Blütenteilen einen lebhaften Kontrast bildet und in anderen kaum auffällt.

FARBEN

MARGERITE

Die Grundform der Margerite ist einfach, doch wie bei allen Blütenmotiven können Sie Größe und Form variieren. Verändert man die Proportionen einer Blüte, besteht kaum Gefahr, dass sie dadurch unförmig aussieht.

Vorlage

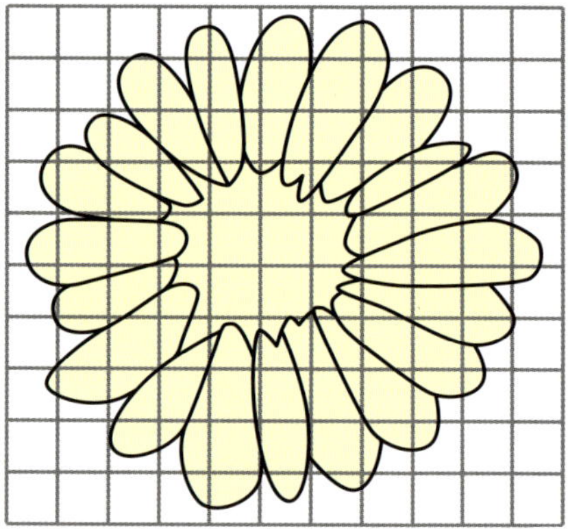

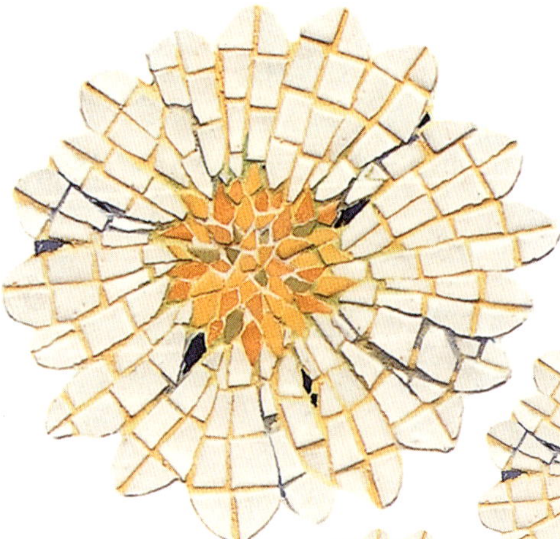

Es liegt bei Ihnen, ob Sie jedes Blütenblatt aus einem großen oder mehreren kleinen Mosaikteilchen gestalten.

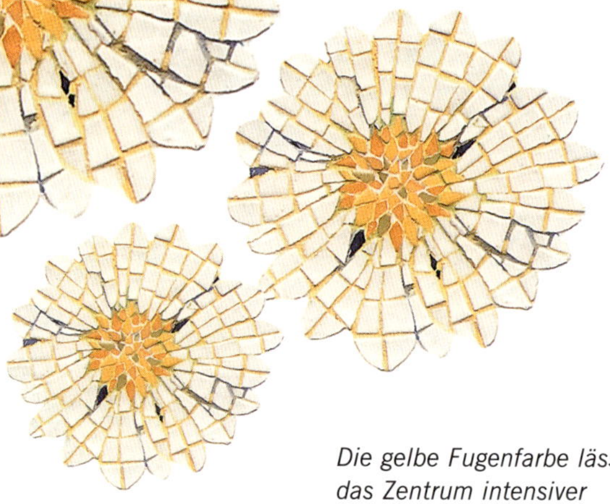

Die gelbe Fugenfarbe lässt das Zentrum intensiver leuchten und wirkt auf den Blütenblättern wie ein Hauch Blütenstaub.

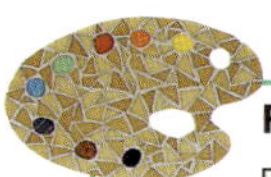

FARBEN

TROPISCHE BLÜTE

Durch die länglichen Streifen aus Keramikfliesen, aus denen die einzelnen Blütenblätter zusammengesetzt sind, wirkt die Blüte, als hätte sie eine tiefe Trichterform.

Für die Blütenblätter werden einfarbige Fliesen in lange Streifen geschnitten. Die dunklen Fugen verstärken das exotische Flair dieser Blüte.

Vorlage

KOMBI-TIPP

Diese Blüte würde gut zu der stilisierten Blüte auf Seite 197 passen.

FARBEN

KLETTERPFLANZE

Das einfache Blütenmotiv ist von schmalen Ranken umgeben, die sich zum Einflechten in andere Motivelemente anbieten. Natürlich kann man diese Blüten auch zu einem Rapport verbinden.

Vorlage

Wenn Sie eine Bordüre entwerfen, überlegen Sie schon beim Vorzeichnen des Entwurfs, wie die Ranken ineinander greifen sollen.

Zuerst werden die Blüten aufgebaut, dann kommen die Ranken hinzu. Probieren Sie verschiedene Blütenfarben aus.

FARBEN

Vorlage

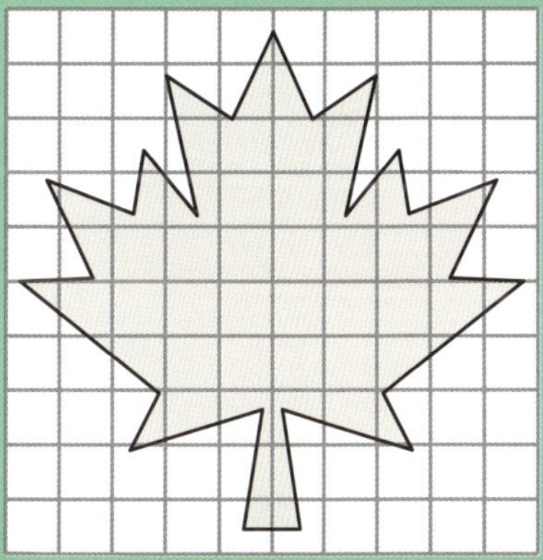

AHORNBLATT

Das Ahornblatt hat eine klare, unverwechselbare Form, die sich für naturgetreue und stilisierte Nachbildungen gleichermaßen eignet.

Fast alle Blätter haben einen symmetrischen Aufbau.

FARBEN

Ein Rapport aus kleinen Ahornblättern eignet sich gut als Bordüre oder Fries. Denkbar wäre auch, aus kreuz und quer verteilten Blättern in verschiedenen Farbtönen eine Art Laubteppich zu gestalten.

Vorlage

SONNENBLUMEN

Die prächtigen Blumen mit dem dunklen Zentrum und dem dichten Kranz aus gelben Blütenblättern sind unverwechselbar. Dies ist ein Motiv für ein Mosaik in großem Maßstab, vielleicht an einer Wand.

Das Motiv basiert auf einer naturgetreuen Farbpalette, die aber durch einzelne intensivere Farbtupfer aufgelockert wird. Wer Anregungen für eine eigene Interpretation dieses Blütenmotivs sucht, sollte sich einmal die Gemälde von Vincent van Gogh genauer ansehen.

FARBEN

STILISIERTE BLÜTE

Bei dieser interessanten Blüte sind die einzelnen Segmente in Formen geschnitten, die an kleine Flammen erinnern.

Das tropfenförmige, dunkelviolett schimmernde Mosaiksteinchen im Zentrum der Blüte bildet einen schönen Blickfang.

FARBEN

Vorlage

BLUMENVASE

Auf dieser Doppelseite sehen Sie drei völlig verschiedene Interpretationen einer einzigen Vorlage. Probieren Sie einmal, die Blüten einzeln auf Gittermaterial, Stoff oder Papier zu kleben und nach dem Trocknen den Überstand abzuschneiden. So erhalten Sie einzelne Blüten, die Sie auf der Grundplatte verschieben können, bis Ihnen das Arrangement gefällt.

Vorlage

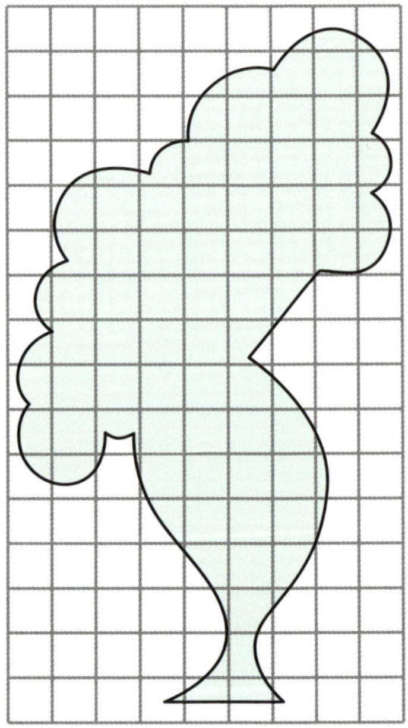

Füllen Sie die Vase mit beliebigen Blütenmotiven aus diesem Kapitel. Auch die Details auf den Seiten 204–205 sollten Sie sich einmal genauer ansehen.

Bei dieser bunten Variante quillt die Vase förmlich über von leuchtenden Blüten aus konzentrischen Kreisen, die um Aufmerksamkeit wetteifern – fast wie ein Feuerwerk. Durch den asymmetrischen Aufbau wirkt dieser Strauß besonders locker.

FARBEN

Die gleiche Vorlage in einer naturalistischeren Interpretation als Hommage an Vincent van Gogh, der eine wahre Leidenschaft für Sonnenblumen entwickelte. Die Zentren der Blüten sind unterschiedlich gestaltet. Sehen Sie einmal in einem Gartenbuch oder Saatgutkatalog nach, wie viele verschiedene Sonnenblumensorten es gibt! Bei der Vase sorgen feine Farbabstufungen für die plastische Wirkung.

Diese Blüten eignen sich auch als Variation der Sonnenblumen auf Seite 196.

Das dritte Beispiel erinnert an die Stoff- und Keramikmuster der 1950er-Jahre.

Die Rosen bestehen aus Trapez- und Dreiecksformen, die miteinander verzahnt sind. Das Rosen-Motiv könnte man auch als Rapport für eine Borte oder als Füllmuster für einen Hintergrund verwenden.

Trotz der relativ einfachen Einzelelemente sehen die Rosenblüten recht überzeugend aus. Zum 1950er-Jahre-Stil würde auch eine Vase mit einem schwarz-weißen Streifenmuster passen.

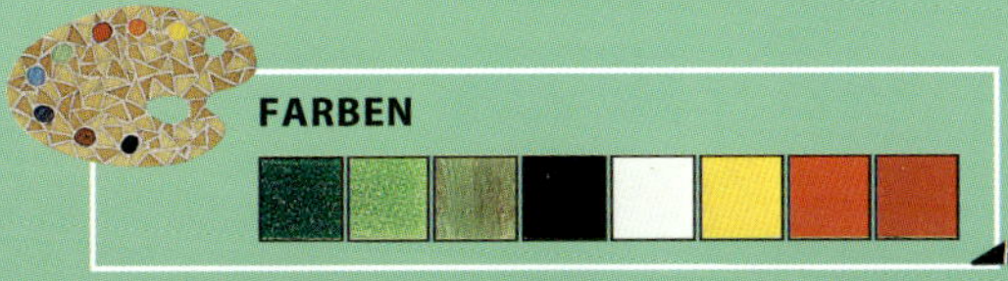

ZIERGRÄSER

Das Motiv ist im Grunde ganz einfach, wirkt hier aber so raffiniert, weil für den Topf die Tesserae in schmale Streifen geschnitten und farblich abgestuft angeordnet wurden. So entsteht ein dreidimensionaler Effekt.

Vorlage

Die Gräser bestehen aus schlanken Streifen, die zu lässigen Kurven zusammengefügt wurden. Blätter und Blüten sind nur durch verstreute Kreise und „Windräder“ aus Dreiecken angedeutet. Insgesamt wirkt dieses stilisierte Motiv sehr luftig und leicht.
Eine interessante Materialalternative für den Blumentopf wären Spiegelfliesen.

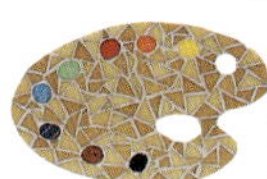

FARBEN

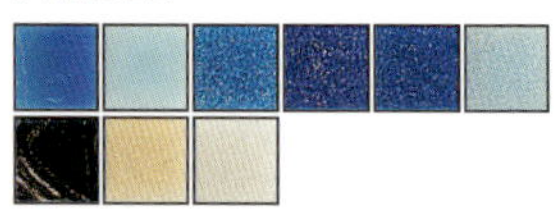

BLUMENKÜBEL

Wer es lieber etwas lebendiger mag, könnte anstelle der Gräser auf der vorigen Seite auch einen Kübel mit fröhlich-bunten, stilisierten Blumen in wärmeren Farbtönen arbeiten.

Vorlage

Probieren Sie im Entwurfsstadium aus, wie verschiedene Kübelhöhen wirken.

Zuerst werden die Blüten gearbeitet, dann die Stiele.

Wieder erhält der Kübel durch abgestufte Farbschattierungen seine plastische Wirkung.

FARBEN

KLEE UND FARN

Wegen ihrer schlichten, organischen Formen können diese Blätter gut zu Bordüren zusammengesetzt oder mit anderen Motiven kombiniert werden.

Farn verbreitet eine Dschungelstimmung, wenn man ihn mit Motiven wie dem Tukan oder dem Ara (siehe Seiten 146 und 148) kombiniert.

Kleeblätter bieten sich für runde Gruppen oder Bordüren an. Drei- und vierblättriger Klee ist bestens bekannt, darum nehmen Sie sich ruhig die Freiheit, eine neue, vielblättrige Kleesorte zu kreieren.

FARBEN

Vorlage

TULPE

Diese Umsetzung der klassischen Frühlingsblume ist so stark stilisiert, dass sie fast geometrisch wirkt. Abwechselnd nach rechts und links geneigt, ergibt sie auch eine hübsche Bordüre.

Vorlage

FARBEN

Wie bei allen Blüten können Sie die Farbgebung selbst bestimmen. Wie wäre es etwa mit Rosa oder dunklem Violett vor einem apfelgrünen Hintergrund?

BLÜTENDETAILS

Diese einfachen Blütenmotive können auch für andere Projekte als Anregung dienen, beispielsweise für die Vasen auf den Seiten 198–199.

Vorlage

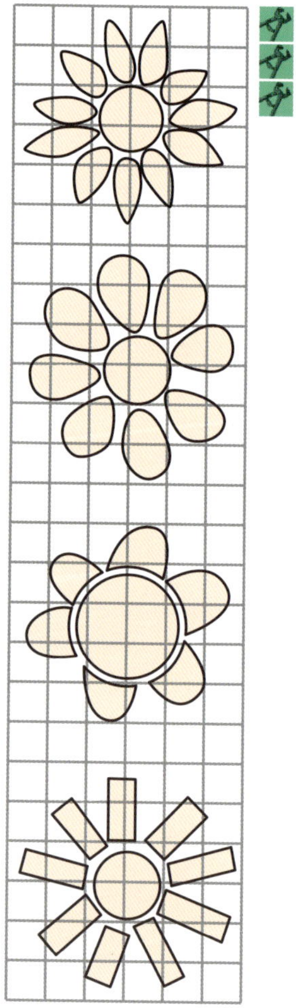

Schneiden Sie zuerst die Mittelpunkte und Blütenblätter in ausreichender Zahl.

FARBEN

Vorlage

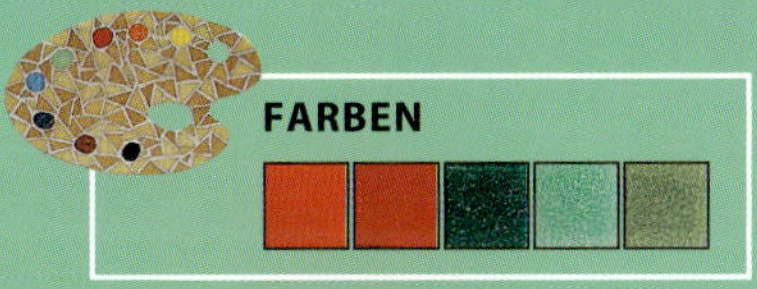

Hier sehen Sie die Rose aus der Vase auf Seite 199 noch einmal aus der Nähe.

Vorlage

Schneiden Sie alle Teile einer Blüte aus und experimentieren Sie mit verschiedenen Anordnungen, bevor Sie zum Kleber greifen. Bei Blüten sollten Sie sich nicht zu genau an die Vorlage halten, sonst sehen sie zu gleichförmig aus. Vertrauen Sie Ihrem Augenmaß.

VIER JAHRESZEITEN

Das Jahreszeitenthema lässt sich auch auf andere Motive übertragen, etwa ein Haus oder eine Landschaft. Schneiden Sie zuerst die Elemente zu, die bei allen Motiven gleich sind, in diesem Fall also die Baumstämme. Achten Sie darauf, dass Form und Anordnung dieser Grundelemente möglichst ähnlich ausfallen, damit die Zusammengehörigkeit der Motive erkennbar wird. Danach kommen die saisonalen Details hinzu – Blätter, Blüten und Früchte.

Attraktiv sind auch jahreszeitlich verschiedene Hintergrundfarben, vielleicht Rostbraun für den Herbst, Apfelgrün für den Frühling. Oder möchten Sie die Bäume lieber mit Figuren, Tieren und Vögeln verzieren?

Wir haben für diese Serie einfache Haushaltsfliesen verwendet (siehe Seite 34), die allein durch ihre Größe den Vorteil bieten, dass man Stämme und große Äste in einem Stück zuschneiden kann. Außerdem gelingen identische Grundelemente leichter, weil sich Keramikfliesen besser mit der Zange nachbearbeiten lassen als Glas-Tesserae.

Versuchen Sie, den Schnee auf den Zweigen möglichst rund und glatt zu formen, damit er natürlich aussieht.

Vorlage

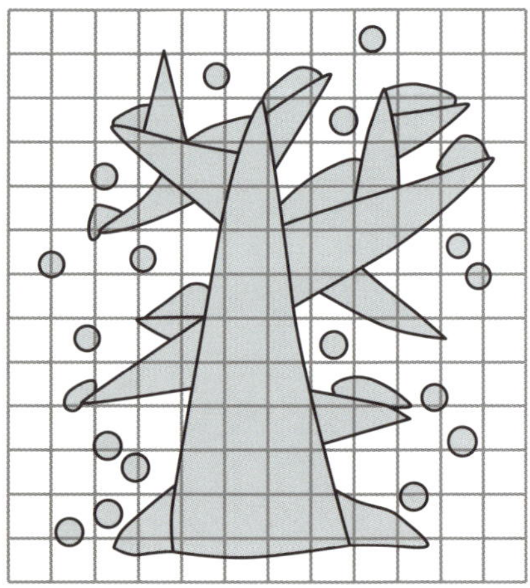

FARBEN

Schneiden Sie die Kreise für die Blüten so klein, wie Ihr Geschick und Ihre Geduld es erlauben.

FARBEN

Vorlage

Im Frühling könnten die Bäume auch auf einer „Wiese“ aus Blumen stehen. Anregungen finden Sie auf Seite 204.

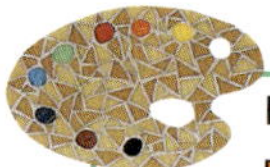

FARBEN

Vorlage

Schmücken Sie den Sommerbaum mit verschiedenen Früchten Ihrer Wahl. Sie könnten beispielsweise gelbe Zitronenformen schneiden oder auch Gruppen winziger Kreise, die Kirschen darstellen.

Sehr hübsch sieht es aus, wenn man die Bäume zu einem langen Fries aneinander reiht, der den Wandel der Jahreszeiten zeigt. Sie könnten dazu die saisonalen Gruppen auch vergrößern.

Vorlage

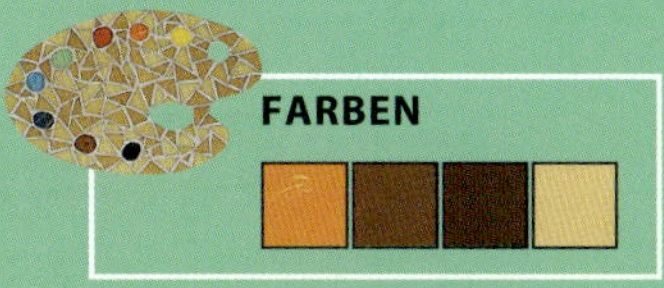

FARBEN

Schneiden Sie Blätter in Rostrot, Braun und Orange aus und arrangieren Sie sie zunächst auf der Grundplatte, bis Sie eine überzeugende Anordnung gefunden haben. Richtig herbstlich wirkt das Motiv, wenn Sie die Baumstämme etwas krumm zuschneiden, wie vom Oktoberwind gepeitscht.

MENSCHEN

Die Darstellung menschlicher Gestalten im Mosaik ist eine echte Herausforderung. Es ist schwierig, feine Details von Gesicht und Händen mit diesem Medium umzusetzen. Darum beschränken sich viele Mosaik-Darstellungen von Menschen auf wesentliche Merkmale und versuchen, das Typische der Haltung oder Statur einzufangen. Damit das gelingt, ist es wichtig, die Vorlage exakt zu übertragen und die Proportionen zu wahren.

BALLERINA

Das Motiv zeigt eine Ballerina beim Spitzentanz. Damit die fertige Arbeit ausgewogen aussieht, kommt es beim Vorzeichnen der Konturen auf Genauigkeit an. Nehmen Sie für die Achsen, die von den Beinen und den ausgestreckten Armen gebildet werden, ein Lineal zu Hilfe und bauen Sie die Figur um dieses Gerüst herum auf.

Vorlage

Verlegen Sie die Tesserae des Rocks von oben nach unten, um weich fließende Linien zu erhalten. Beim Zuschneiden der kleinen Teile für den Fuß des Standbeins ist besondere Sorgfalt gefordert.

Die klassischen Farben für so ein Motiv sind Rosa- und Cremetöne. Sie können aber auch kräftigere Farben ausprobieren.

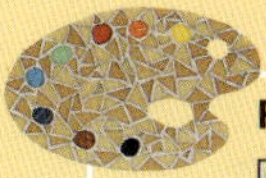

FARBEN

JUGENDSTIL

Das Porträt der Dame mit Knotenfrisur und losen Strähnen schlägt eine Brücke zwischen der psychedelischen Kunst der 1970er-Jahre und dem Stil des frühen 20. Jahrhunderts. Es ist ein gutes Beispiel dafür, dass ein Mosaik durch seine speziellen Füllmuster ganz eigenwillige Interpretationen liefern kann. Die Technik, eine an sich einfarbige Fläche mit einem mehrfarbigen Muster auszufüllen, lässt sich auf viele Modelle in diesem Buch übertragen.

Vorlage

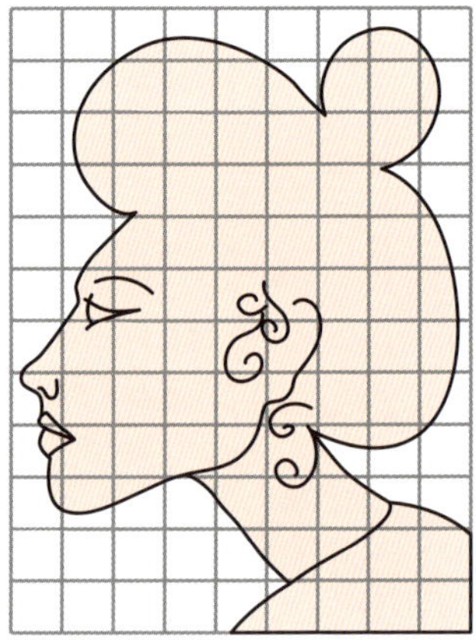

Wählen Sie die Farben mit Bedacht. Dieses Mosaik mag bunt und unstrukturiert wirken, tatsächlich wurden die Farben aber so gewählt, dass sie einander optisch ergänzen. Auch die Verteilung ist sehr ausgewogen.

Schneiden Sie alle Teilchen für das Muster zu und probieren Sie verschiedene Anordnungen aus, bevor Sie zum Kleber greifen. Achten Sie darauf, wie die einfarbigen Tesserae die Kontur von Unterkiefer, Wange und Nase nachzeichnen.

FARBEN

DIVA

Die Anregung für dieses Motiv lieferte das Cover einer alten Jazz-Platte. Die gealterte Diva mit den grünen Augenlidern, den schweren Wimpern und den leuchtend roten Haaren hat schon weitaus bessere Zeiten gesehen.

Für das Mosaik wurden Keramikfliesen verwendet. Die Federboa und einige Elemente des Hintergrunds wirken weich und fließend, weil sie aus größeren Stücken bestehen.

Die Lippen aus schimmernden Glas-Tesserae bilden im Gesicht einen Blickfang.

Vorlage

FARBEN

AUDREY HEPBURN

Ein Plakat für den Film *Frühstück bei Tiffany*, dessen Hauptfigur Holly Golightly durch Audrey Hepburn unsterblich wurde, war Vorbild für dieses Mosaik. Es wurden ausschließlich Brauntöne verarbeitet, sodass das Porträt monochrom, aber dennoch warm und sehr lebendig wirkt. Ohrringe, Diadem und Collier sind aus Perlglanz-Mosaik gearbeitet.

Vorlage

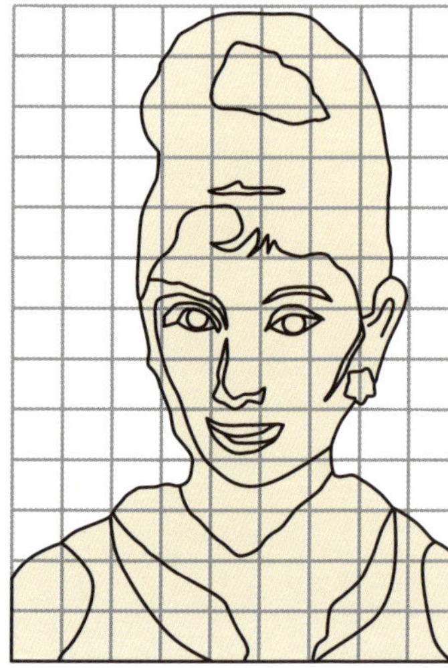

Arbeiten Sie zuerst die Details von Augen, Nase und Mund, bevor Sie die Gesichtsflächen füllen. Einige der schwierigen Schnitte, etwa für die Lichtreflexe in den Augen, werden vielleicht nicht auf Anhieb gelingen. Haben Sie Geduld, denn gerade darauf kommt es an.

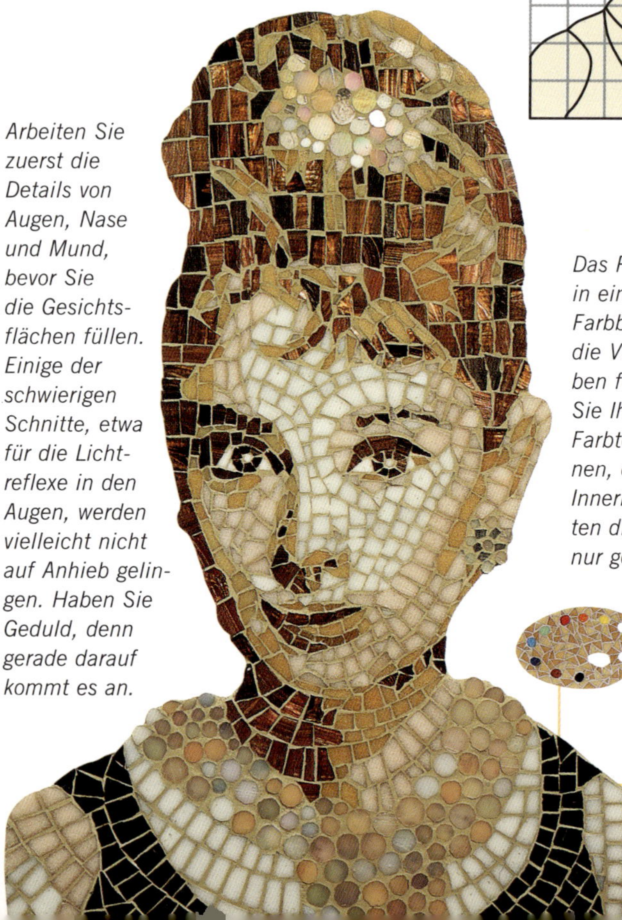

Das Porträt wurde zunächst in einzelne, grob umrissene Farbbereiche gegliedert, um die Verteilung der Grundfarben festzulegen. Sortieren Sie Ihre Tesserae vorab nach Farbtönen, bevor Sie beginnen, die Flächen zu füllen. Innerhalb jeder Fläche sollten die Farbabweichungen nur gering sein.

FARBEN

JAPANERIN

Der Kimono ist ein japanisches Kleidungsstück mit langer Tradition. In diesem Motiv ist er auf verschiedenfarbige Flächen reduziert, von denen einige mit Blüten verziert sind. Die Haltung der Figur, die sich an einen Druck aus dem 17. Jahrhundert anlehnt, vermittelt etwas Geheimnisvolles. Dazu trägt auch das nur halb zugewandte, kreideweiße Gesicht bei.

Achten Sie beim Verfugen darauf, dass die kleinen Augen und der winzige Mund nicht überdeckt werden.

Vorlage

KOMBI-TIPP

Für den Kimono eignen sich auch andere Blütenmotive sehr gut (siehe Seiten 204–205).

FARBEN

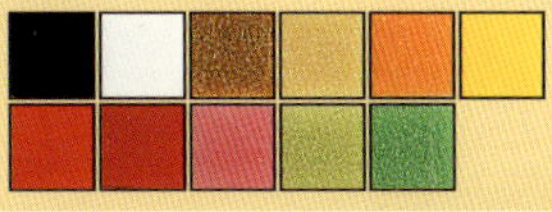

KLASSISCHES PORTRÄT

Solche Gesichter, deren Flächen durch kontrastfarbige Bereiche klar gegliedert sind, kennt man von antiken Mosaiken aus Rom und Byzanz. Es ist ein äußerst stilisiertes, aber dennoch sehr ausdrucksvolles Gesicht. Wer Anregungen sucht, sollte sich einmal Mosaike in Büchern über die Antike ansehen und vor allem auf die Farbverteilung achten.

Vorlage

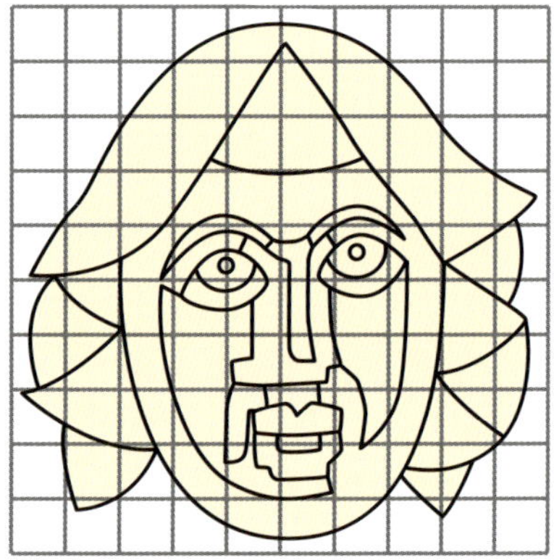

Verlegen Sie zuerst die Konturen des Gesichts aus Stückchen gleichmäßiger Größe. Für ein großes Mosaik können Sie sogar ganze Tesserae verwenden. Dann werden die Flächen ausgefüllt – entweder einfarbig oder in Streifen, die den Konturen folgen.

Damit die Haare lebendig wirken, verwenden Sie verschiedene abgestufte Farbtöne.

FARBEN

VOGELSCHEUCHE

Vogelscheuchen sieht man überall auf der Welt in ländlichen Gegenden. Shakespeare hat über sie geschrieben, der Film *Der Zauberer von Oz* hat sie populär gemacht. Diese einfache, vom Wind gebeutelte Figur können Sie anziehen, wie es Ihnen gefällt. Vielleicht möchten Sie auch eine Landschaft oder einen Schwarm Krähen dazu entwerfen? Auch als Grundmotiv für eine Vier-Jahreszeiten-Serie (siehe Seiten 206–209) wäre die Vogelscheuche gut geeignet.

Vorlage

Anstelle von Händen könnten aus den Ärmeln der Vogelscheuche schmale, gelbe Strohbüschel ragen.

Arbeiten Sie die Stange der Vogelscheuche entweder stabil und gerade oder ganz bewusst windschief. Eine Zwischenlösung würde ungeschickt wirken.

FARBEN

CHARLIE CHAPLIN

Die Silhouette des großen Stummfilm-Stars ist unverkennbar. Das Mosaik wurde zwar in dunklen Farben gearbeitet, jedoch nicht durchgehend in Schwarz. So wird dafür gesorgt, dass das Motiv nicht allzu düster und leblos wirkt. Das Patchwork-Muster, das an Flicken erinnert, passt gut zu dieser Figur. Von oben nach unten werden die Steinchen immer größer. Dadurch erhält die Figur eine witzige, birnenförmige Wirkung.

Vorlage

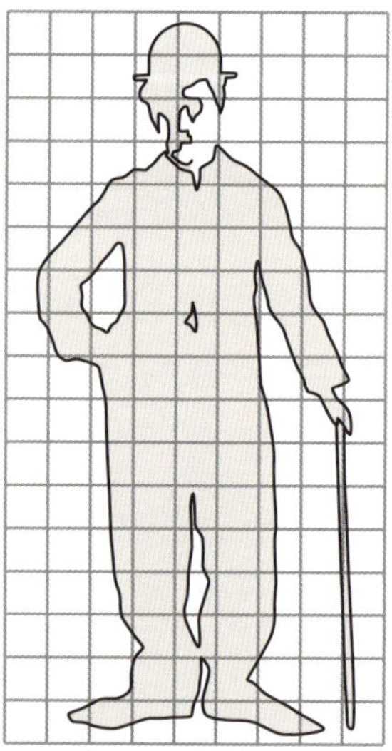

Bei Zuschnitt und Platzierung des Stocks kommt es auf Feingefühl an, denn er spielt für das optische Gleichgewicht der Figur eine entscheidende Rolle.

FARBEN

HÄUPTLING

Diese Porträtdarstellung ähnelt ebenfalls einer Silhouette, während die Farbtöne des Mosaiks – dunkles Braun, Elfenbein und Goldglanz-Tesserae – eher an Intarsienarbeiten erinnern. Um den Intarsieneffekt noch zu verstärken, könnte man die Mosaiksteinchen kleiner schneiden und eine weniger stilisierte Darstellung wählen.

Vorlage

Wenn Sie eine lebhaftere Variante bevorzugen, können Sie für den Kopfschmuck traditionelle Navajo-Farben wie leuchtendes Blau und Orange wählen.

FARBEN

MEERJUNGFRAU

Diese Meerjungfrau scheint über dem Fischschwanz einen Oberkörper aus Seetang zu tragen. Die Tesserae für die Haare wurden in ovale Stücke geschnitten und unregelmäßig angeordnet – wie ungekämmt. Die Steinchen des Schwanzes dagegen haben die Form von Fischschuppen und folgen exakt der Körperkontur. Durch die farbliche Abstufung in Querrichtung entsteht eine plastische Wirkung. Sie könnten die Meerjungfrau auch auf einen Stein setzen oder in einer Unterwasser-Szenerie platzieren.

Vorlage

Ein reizvolles Material für den Schwanz der Meerjungfrau sind schimmernde Glas-Tesserae.

KOMBI-TIPP

Kombiniert mit verschiedenen Muscheln und Fischen aus dem Kapitel Unterwasserwelt, eignet sich dieses Motiv ausgezeichnet für eine Fliesenwand im Bad.

FARBEN

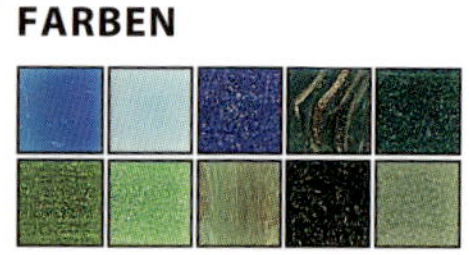

FLAMENCO-TÄNZERIN

Diese Figur in der stolzen Haltung einer Flamenco-Tänzerin trägt ein flammend rotes Kleid. Wie bei der Ballerina (siehe Seite 211) steht und fällt das Motiv mit dem sorgfältigen Entwerfen und Übertragen der Pose. Die Körperrundungen und die Länge der Arme sind leicht überzeichnet, um die Haltung besser zum Ausdruck zu bringen. Um die Schattierung der Haut darzustellen, wurden außerdem zwei verschiedene Farbtöne gewählt.

Vorlage

Die Rose im Haar der Tänzerin ist eine verkleinerte Version des Modells von Seite 205. Sie können auch mehrere Blüten in verschiedenen Farben arbeiten.

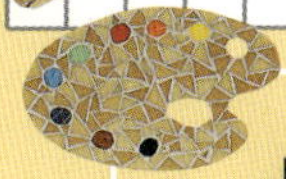

FARBEN

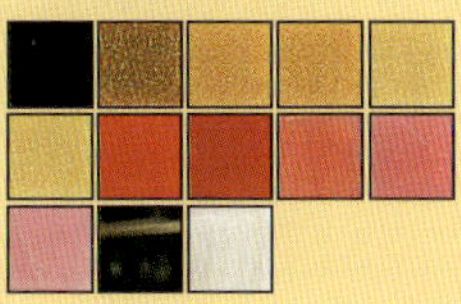

Zuerst werden die Punkte des Kleids aufgeklebt, dann füllen Sie die Flächen aus. Die roten Tesserae folgen den Körperkonturen und betonen dadurch die Rundungen der Tänzerin.

MARILYN MONROE

Dies ist ein Mosaik für Fortgeschrittene, denn die Darstellung der feinen Gesichtsdetails verlangt einige Übung. Andererseits fällt die Arbeit leichter, je größer Sie das Mosaik anlegen. Für das Kleid wurden verschiedene Weißtöne verarbeitet. Vor allem die Perlglanz-Tesserae vermitteln einen Eindruck von Leichtigkeit und Bewegung. Dieses Motiv, das vor allem Filmfans begeistern wird, wirkt am besten, wenn die Kontur der Figur vor dem Bekleben ausgesägt wird.

Vorlage

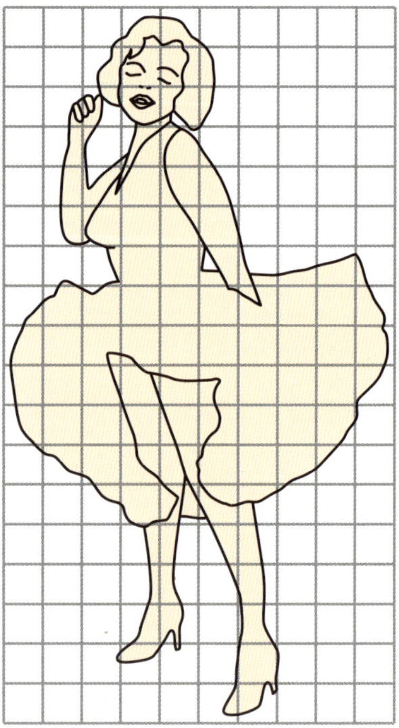

Kleben Sie zuerst Augen, Nase und den berühmten Schmollmund auf.

Wählen Sie die Fugenfarbe so, dass sie das fertige Mosaik nicht optisch zerstückelt.

FARBEN

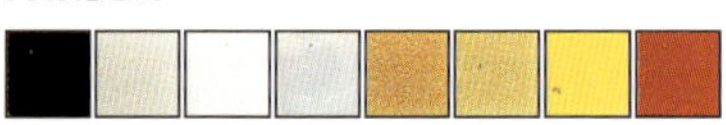

Vorlage

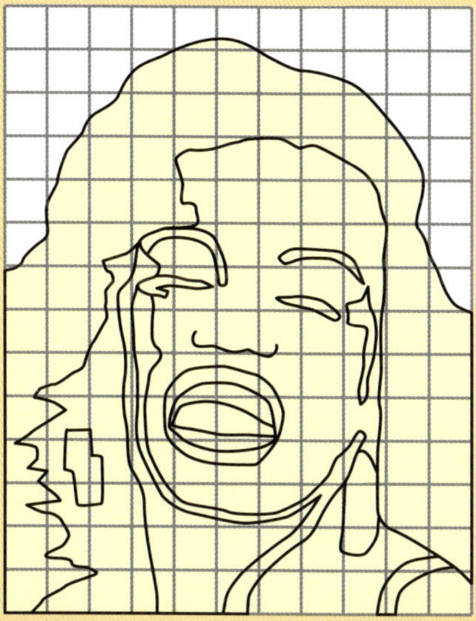

Manche Gesichter sind so berühmt, dass man sie immer noch erkennt, wenn sie auf wenige markante Linien reduziert werden. Ein solches Motiv ist das Gesicht von Marilyn Monroe, das sich sogar als Mosaik gut erkennbar umsetzen lässt.

Spielen Sie mit Mosaiksteinchen in verschiedenen Farbtönen, bis Sie die besten Nuancen für die Haut gefunden haben. Wenn Sie sich bei den feinen Details wie Augen und Mund viel Mühe geben, werden sich die anschließenden Flächen fast von allein ergeben und Sie erhalten ein atemberaubendes Ergebnis.

FARBEN

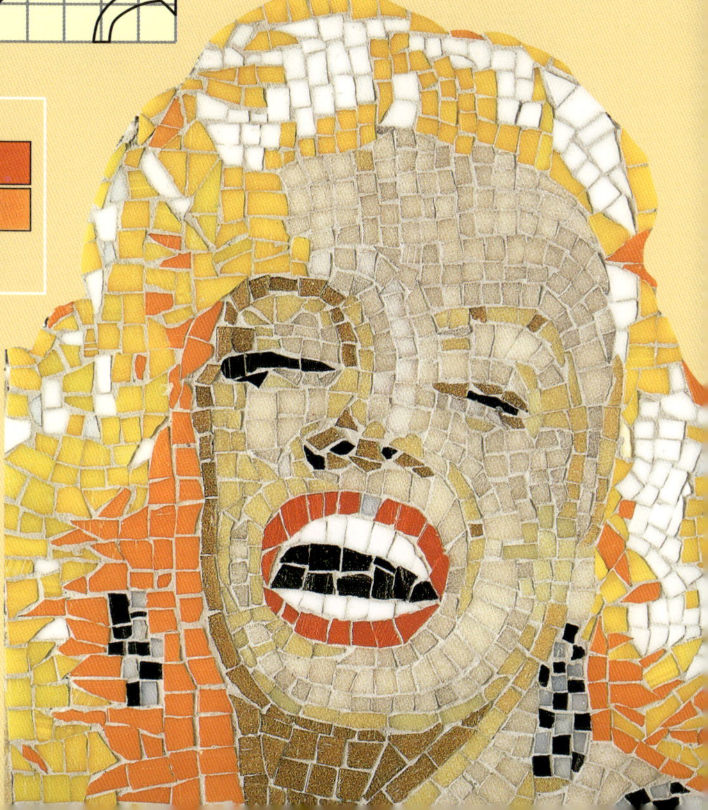

Wie das Porträt von Audrey Hepburn auf Seite 214 wurde auch dieses Gesicht in klare Einzelflächen aufgegliedert, von denen jede in einem relativ einheitlichen Farbton ausgefüllt ist.

CHARLESTON

Bronzebraun schimmernde Mosaiksteinchen geben den Haaren dieser 1920er-Jahre-Schönheit Leben und bilden einen reizvollen Kontrast zum helleren Hautton von Gesicht und Hals. Der Mund, eine Raute aus vier knallroten Segmenten, wirkt wie der Punkt am Ende eines Satzes. Stellen Sie sich darauf ein, dass Ihnen die perfekte Form nicht beim ersten Anlauf gelingt.

Vorlage

Die Zeichnung wirkt sehr klar und strukturiert. Man kann das Motiv auch in anderen Farben gestalten, etwa im ägyptischen Stil.

Bringen Sie den Schmuck der Figur zum Glitzern, indem Sie nach Fertigstellung des Mosaiks Pailletten, Strasssteinchen oder andere Dekorationen aufkleben.

FARBEN

FLOWER-POWER

Für dieses Porträt stand das Hippie-Zeitalter Pate. Verzieren Sie die wellig-langen Haare mit Blumen oder Schmetterlingen. Auch andere typische Farben dieser Ära passen gut zu dem Motiv, etwa dunkles Lila, leuchtendes Orange oder Apfelgrün.

FARBEN

Vorlage

Die dunkleren Strähnen im Haar der Figur werden zuerst geschnitten und so platziert, dass sie die weichen Wellen der Frisur andeuten.

STILLLEBEN

Das Genre Stillleben lässt viele Umsetzungsmöglichkeiten zu – von schlichten, heimeligen Motiven bis zu wahren Mosaikgemälden. Auf den folgenden Seiten sehen Sie die große Spannbreite der Möglichkeiten, die das Medium Mosaik bietet – von abstrakten Interpretationen bis zu äußerst naturalistischen Darstellungen.

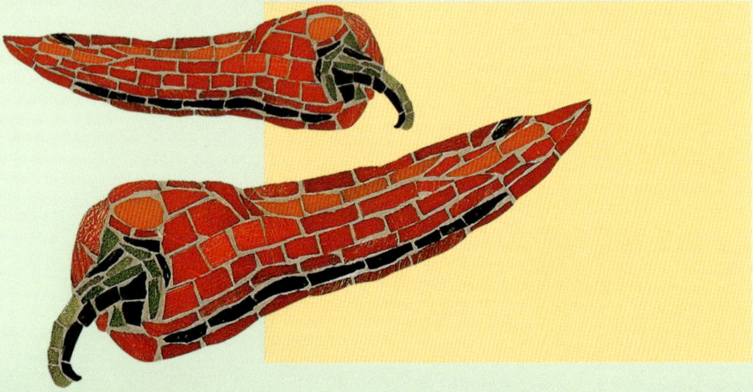

OBSTSCHALE

Das einfache, aber sehr lebhafte Mosaik zeigt, wie gut sich verschiedene natürliche Formen mit Mosaiksteinen nachempfinden lassen. Die Struktur der Ananas wird sehr überzeugend durch ungeschnittene, quadratische Tesserae dargestellt. Am schwierigsten ist der Zuschnitt der runden Trauben. Die Schale selbst können Sie ganz nach Wunsch gestalten – in schlichtem Weiß oder mit einem komplexeren Muster verziert.

Vorlage

FARBEN

Der Schatten unterhalb der Trauben wurde aus dunkleren Mosaikteilchen eingefügt und lässt das Motiv plastisch wirken. Wenn Sie auf der Schale einen Schatten abbilden möchten, wählen Sie dafür eine dunklere Nuance des Grundtons, keinesfalls aber einen dunkleren Ton als den des Objekts – hier die Trauben.

TELLER MIT CHILI

Der Teller wird durch konzentrische Ellipsen in zwei kräftigen Farben dargestellt, die zum roten Chili einen starken Kontrast bilden. Gerade durch die intensiven Primärfarben wirkt dieses Motiv so lebendig.

Vorlage

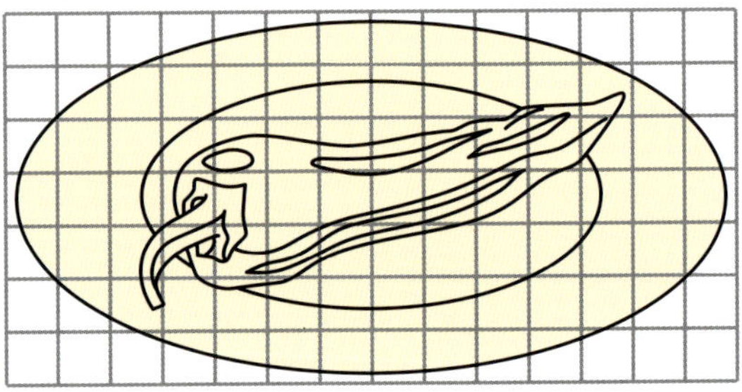

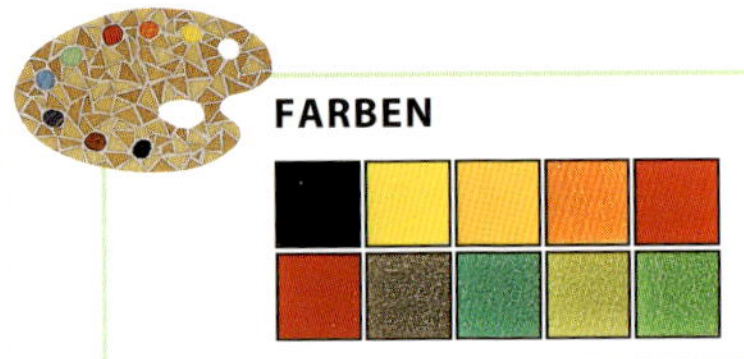

Eine Variante wäre eine kreisrunde Grundplatte, auf welcher der Chili mittig platziert wird. So ein Mosaik eignet sich als Untersetzer für heiße Schüsseln und Töpfe in der Küche. In jedem Fall wird zuerst der Chili gearbeitet und danach der Hintergrund.

TÖRTCHEN

Die Kombination aus Früchtekuchen und Schokoladenglasur mag ungewöhnlich sein, wirkt aber durchaus realistisch. Der Teller besteht, wie das Chili-Mosaik auf Seite 228, aus zwei konzentrischen Ellipsen in unterschiedlichen Farben.

Vorlage

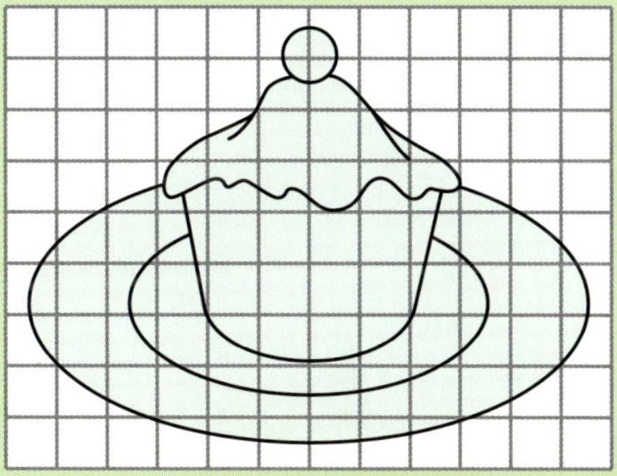

Bei der Verzierung des Kuchens dürfen Sie Ihrer Fantasie freien Lauf lassen.

KOMBI-TIPP

Als zusätzliche Verzierung für den Teller bieten sich Blumenmotive aus den anderen Kapiteln dieses Buchs an.

FARBEN

OBST-STILLLEBEN

Dieses Motiv lebt von den sorgfältig ausgewählten Mosaikmaterialien, die in Farben und Oberflächenbeschaffenheit den natürlichen Früchten überraschend ähnlich sind. Vor allem das Material der Trauben bringt den intensiven Schimmer der Früchte, von denen einige zart bereift sind, gut zum Ausdruck. Die Äpfel und Orangen wirken rundlich, weil sie aus gebogenen Reihen von Mosaiksteinchen aufgebaut sind.

Vorlage

FARBEN

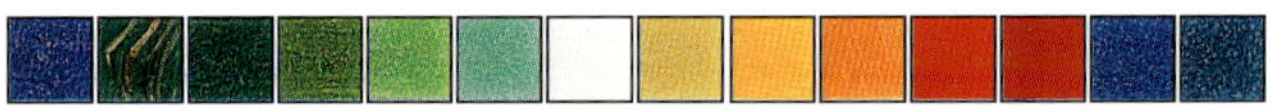

Versuchen Sie, den Zuschnitt der Trauben möglichst genau von der Vorlage zu kopieren. Es soll der Eindruck entstehen, als ob einige vor oder hinter anderen lägen. Fugenmasse in einem mittleren Ton verbindet den Hintergrund zu einer Einheit, zeichnet aber gleichzeitig die Konturen der dunklen Trauben im Vordergrund sehr klar nach.

ZITRONE

Darstellungen von Früchten im Querschnitt können sehr interessant aussehen. Hier deutet die Verlegerichtung der Mosaiksteinchen die innere Struktur des Fruchtfleischs an. Eine ähnlich schöne Variante entsteht, wenn die Trennwände der Segmente und die Schale mit kräftiger gefärbten Steinchen gelegt werden.

Vorlage

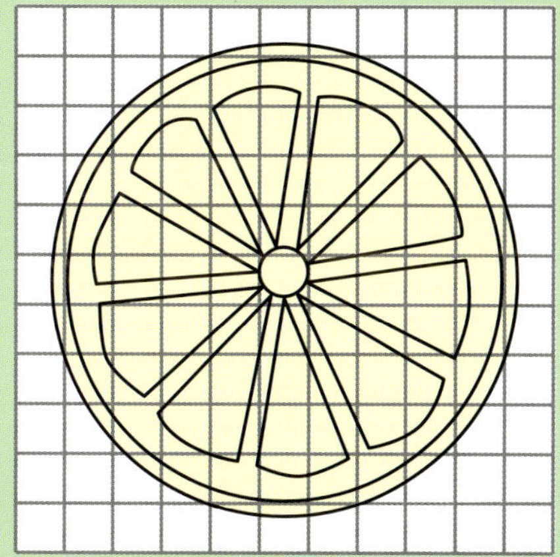

FARBEN

Tauschen Sie die Farben einfach aus, um Orangen und Limetten darzustellen. Oder reihen Sie mehrere Motive zu einer Küchenbordüre aneinander.

APFEL

Appetitlich und knackig wirkt dieser Apfel mit der dunklen Schale und dem hellrosa Fleisch, von dem sich die braunen Kerne klar abheben. Zu seiner natürlichen Ausstrahlung trägt auch die Verlegerichtung der Tesserae im Inneren bei, die der Kontur der Frucht angepasst ist.

Vorlage

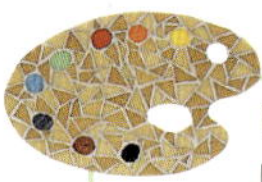

FARBEN

Diese aufgeschnittene Frucht kann man in ein größeres Stillleben integrieren oder als „Buchstabenbild" für das Kinderzimmer mit einem schwungvollen A kombinieren (siehe Seite 130).

PAPRIKA

Die Paprikaschote in leuchtenden Rottönen ist einfach zu arbeiten und trotzdem sehr eindrucksvoll. Wie das Motiv des Apfels eignet sie sich für viele dekorative Zwecke in der Küche oder im Essbereich, beispielsweise als Dekor in einer gefliesten Arbeitsfläche.

Das weiße Innere mit den Samen aus Perlglanz-Tesserae bildet einen schönen Kontrast zum leuchtenden Fruchtfleisch.

Für eine längere Bordüre könnten Sie Paprikaschoten in verschiedenen Farben kombinieren. Vor allem ein Wechsel der Komplementärfarben Rot und Grün kann sehr effektvoll sein.

Vorlage

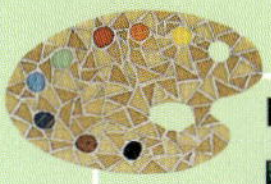

FARBEN

BIRNEN

Die Vorlage für die Birnen zählt zu den einfachsten in diesem Buch, dennoch zeigt das fertige Mosaik, was für verblüffende Ergebnisse durch Farbe, Material und Verlegemuster zu erreichen sind.

Vorlage

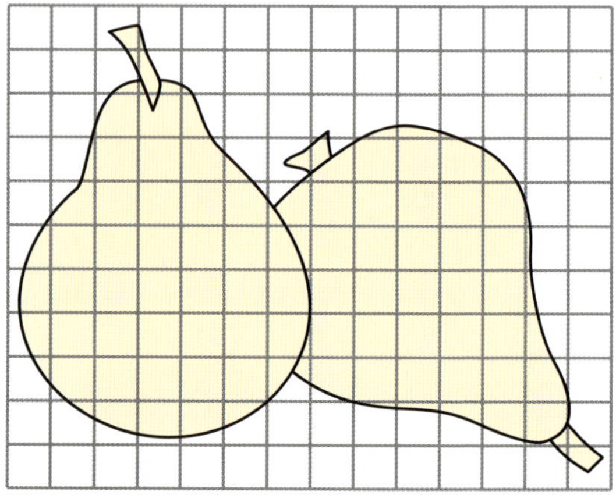

Die Mosaiksteinchen folgen der Kontur der Früchte. Der Schatten auf der rechten Birne bildet eine klare Abgrenzung zur linken Frucht.

FARBEN

Für dieses Mosaik werden recht viele Farben verwendet, sie sind aber mit Bedacht gewählt. Weiße oder sehr helle Steinchen sollten Sie für die Lichtreflexe nicht einsetzen – sie stören die subtile Wirkung des Gesamtbilds.

PIZZA

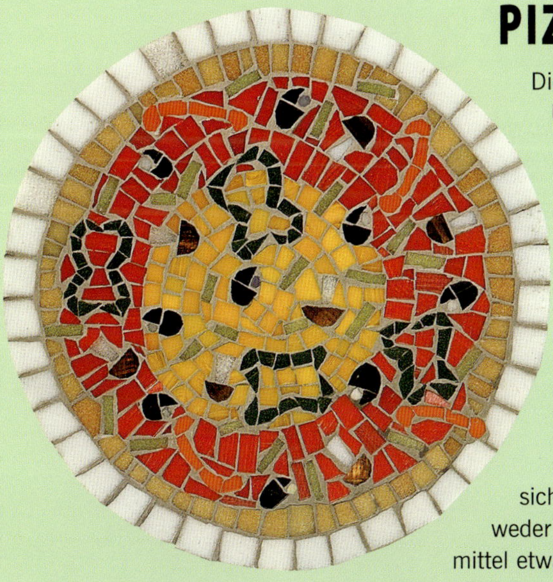

Diese Pizza eignet sich bestens als Untersetzer für heiße Töpfe und Schüsseln. Am besten wirkt das Dekor in der Größe einer echten Pizza – und die Auswahl der Gestaltungsmöglichkeiten ist so groß wie die der Pizzabeläge. Wir haben eine Pizza mit Gemüse bestellt, Sie können aber auch einen Meeresfrüchte- oder Fleischbelag wählen.

Für solche Mosaike empfehlen sich Glas-Mosaiksteinchen, denen weder Hitze noch scharfe Reinigungsmittel etwas ausmachen. In den Backofen dürfen Sie diese Arbeiten aber nicht stellen: Das würde der hölzernen Grundplatte nicht bekommen. Graue oder eingetönte Fugenmasse ist weniger fleckempfindlich als weiße.

Entscheiden Sie selbst, wie aufwändig Sie die Pizza belegen möchten. Darf es vielleicht noch etwas Paprika sein?

Vorlage

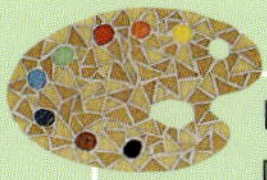

FARBEN

GEBÄUDE

Glauben Sie nicht, dass Gebäude wegen ihrer eckigen Grundform weniger Möglichkeiten für kreative Mosaike bieten als andere Motive! Sie bergen sogar echte Herausforderungen: Damit sie realistisch wirken, müssen beispielsweise Verlegerichtung und Fugenverlauf von Mauerwerk oder Dachpfannen gut durchdacht sein.

LANDHAUS

Dies ist eine kleine heimelige Bauernkate mit Blumenkästen vor den Fenstern und einer Kletterrose über der Tür. Achten Sie beim Zuschnitt von Mauersteinen und Dachpfannen auf gleichmäßige Größen. Unregelmäßige Formen benötigen Sie nur für den Blumenschmuck und für die Fenster.

Vorlage

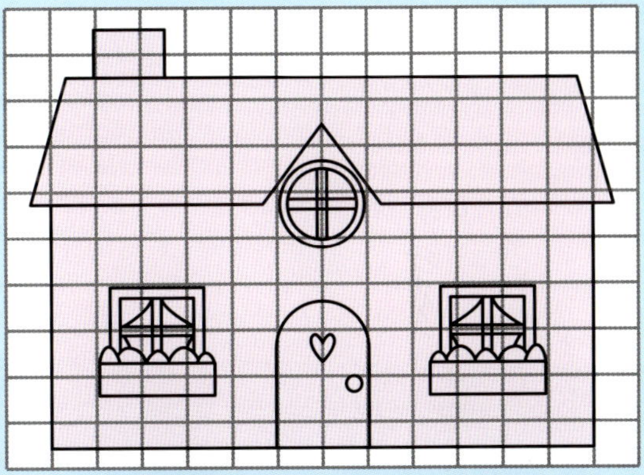

FARBEN

Zu einem Bauernhaus gehört ein Bauerngarten. Die Blumen auf den Seiten 204–205 bieten Anregungen zur Gestaltung. Eine hübsche Idee ist auch eine Vier-Jahreszeiten-Sequenz aus vier solcher Häuschen.

BURG

Eigentlich sollte dies ein Märchenschloss werden, doch das Resultat erinnert eher an eine Burg, in der es spukt. So beeindruckend sie wirkt – in wärmeren Farbtönen hätte die ursprüngliche Idee eher verwirklicht werden können. Auch Kletterrosen würden dem Märchenthema besser gerecht als die kahlen Bäume.

Vorlage

FARBEN

Treten Sie ab und zu ein Stück zurück, um die Wirkung der Licht- und Schatteneffekte zu überprüfen. Sonst besteht Gefahr, dass das Motiv wie eine düstere Silhouette wirkt.

WIGWAM

Für dieses Motiv wurden klassische Muster der nordamerikanischen Indianer zu einfachen, waagerechten Streifen angeordnet.

Vorlage

FARBEN

Anregungen für solche Muster finden Sie in Büchern über die Kunst der Indianer. Vor allem Teppiche, Decken und andere Textilien liefern viele gute Ideen für Muster und Farbgebung.

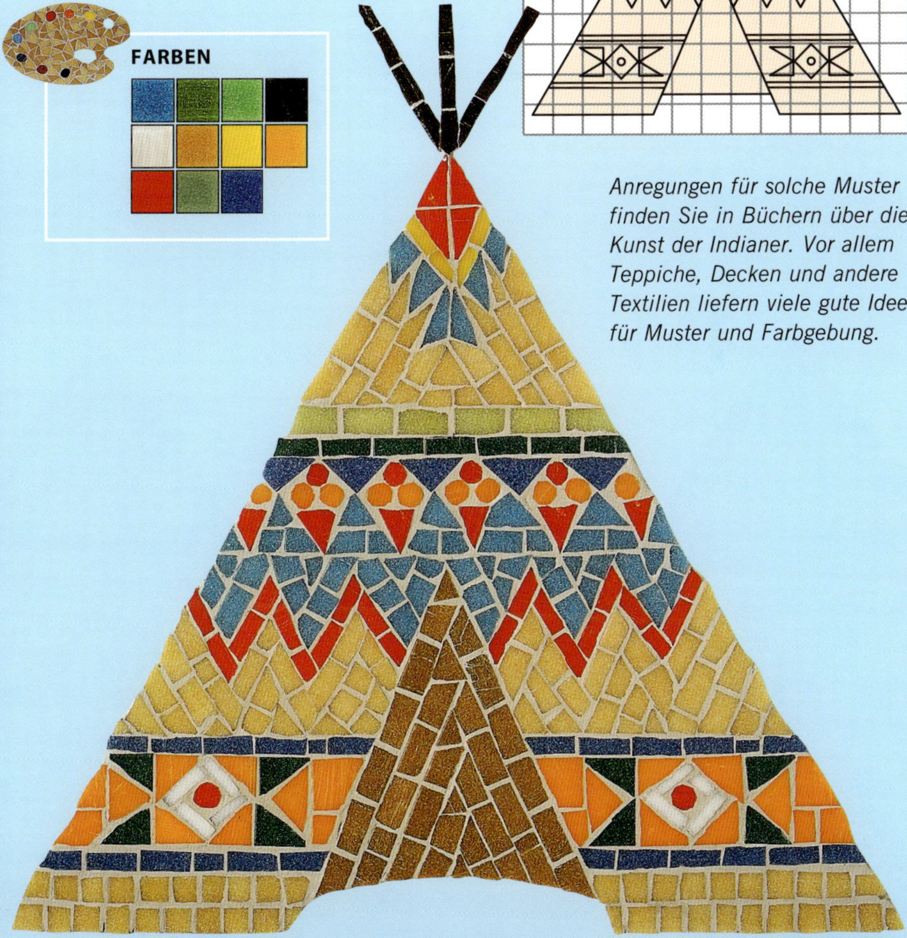

STRANDHAUS

Strandhäuser sind ein beliebtes, heiteres Motiv. Als Mosaik eignen sie sich gut für Anfänger, weil sie – abgesehen von den runden Türgriffen – nur aus drei- und viereckigen Elementen bestehen.

Eine Reihe solcher schmucken Häuser sieht als Fries im Badezimmer sehr hübsch aus und könnte auch als Hintergrund für ein komplexeres Motiv wie die Möwe (siehe Seite 175) dienen. In sonnengebleichten Farbtönen wirken die Hütten noch sommerlicher.

Das Verlegen des Mosaiks wird im Kapitel über die Grundtechniken auf den Seiten 53–59 genau erklärt.

Vorlage

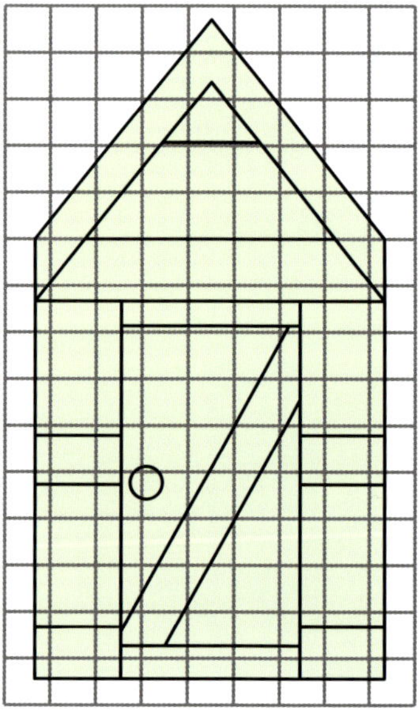

FARBEN

Absolute Anfänger können es sich noch leichter machen, indem Sie auf die schrägen Streifen in der Tür verzichten.

KOMBI-TIPP

Wenn Sie einen Vordergrund für Ihre Strandhäuser suchen, sind Muscheln oder Schnecken aus dem Kapitel Unterwasserwelt (siehe Seiten 170–173) zu empfehlen.

FESTLICHE MOTIVE

Feste und Feiertage sind ein schöner Anlass, Mosaike als Raumschmuck oder als Geschenk zu entwickeln. Auf den folgenden Seiten stellen wir Motive vor, die Sie nach Belieben mit anderen Ideen aus diesem Buch kombinieren oder mit individuellen Details abwandeln können.

ENGEL MIT VÖGELN

Das Motiv orientiert sich an einem Bild, das mein Vater in meiner Kindheit für mich gemalt hat. Das Original hängt heute im Zimmer meiner Kinder. Anders als der Engel auf dem Original hat meine Version Locken aus kleinen Kreisen, doch ich hoffe, der Zartheit des Gemäldes gerecht geworden zu sein.

Vorlage

Der Kopf des Engels ist in Relation zum Körper bewusst recht groß. Das ist ein bewährter Kunstgriff, um der Figur ein kindlich-niedliches Aussehen zu verleihen.

KOMBI-TIPP

Anstelle der geraden Tannenzweige würden auch die weicheren Farnwedel von Seite 202 gut zu diesem Motiv passen.

FARBEN

WEIHNACHTSTRUTHAHN

Dieser Truthahn mit dem markanten Gefieder in Schwarz-Weiß und den Details in leuchtenden Farben ist nicht so realistisch wie andere Vögel in diesem Buch, jedoch sehr auffällig und ausdrucksvoll. Er würde gut in eine Küche passen, vielleicht als Motiv für Untersetzer oder an einer Wand als Spritzschutz.

Kleben Sie zuerst die weißen Details des Gefieders auf, dann Kopf und Füße des Vogels und zum Schluss die schwarzen Federn.

Vorlage

Dies ist eine recht stilisierte Interpretation des Truthahns. Natürlicher wirkt er, wenn Sie für das Gefieder ähnliche Farben wie für den Uhu auf Seite 147 verwenden.

FARBEN

Vorlage

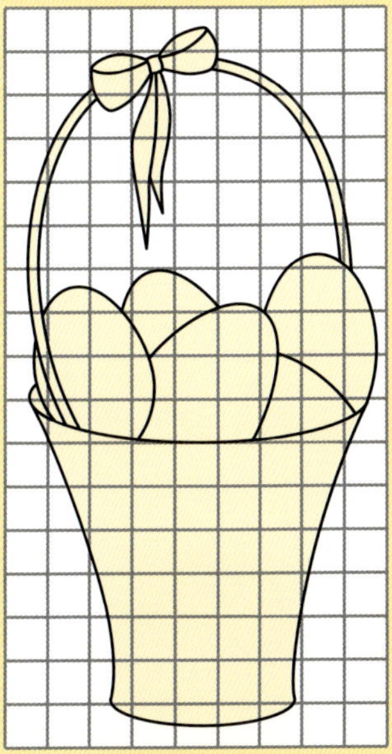

OSTERKORB

Dies ist ein unkompliziertes Motiv, das aber auf der Oberfläche der Eier einigen Spielraum zum Experimentieren mit Mustern und Farben lässt.

Legen Sie zuerst die Größe der Mosaiksteinchen für das Flechtmuster fest und zeichnen Sie auf dem Untergrund leicht gebogene, waagerechte Hilfslinien vor. Die senkrechten Hilfslinien müssen leicht gewölbt werden, damit der Korb plastisch wirkt.

Füllen Sie zuerst das vorderste Ei aus. Dann wenden Sie sich denen zu, die weiter hinten im Korb liegen.

KOMBI-TIPP

Als Muttertagsgeschenk könnten Sie diesen Korb auch mit einem bunten Blumenstrauß füllen. Anregungen finden Sie auf den Seiten 204–205.

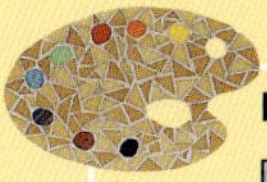

FARBEN

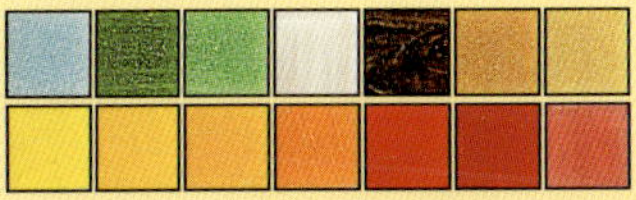

Vorlage

PÄCKCHEN

Eigentlich ist dieses Päckchen nur ein einfacher, stilisierter Würfel. Die linke Seite füllen wegen der perspektivischen Wirkung längliche Tesserae aus. Die Schleife wirkt durch den dunklen Schatten gleich viel plastischer. Mit einem Monogramm wäre so ein Mosaik ein schönes Geschenk. Zum Valentinstag darf es auch ein Herz sein.

Beginnen Sie mit der Schleife und ihrem Schatten. Dann werden die Seiten gearbeitet – eine nach der anderen.

Statt der Streifen könnten Sie auch andere Muster gestalten, allerdings müssen sie dann auf einer Seite verzerrt werden, um die perspektivische Wirkung zu erhalten.

FARBEN

CHINESISCHER DRACHE

Das Motiv des Drachen spielt in der chinesischen Kultur eine wichtige Rolle. Anders als im Westen sind asiatische Drachen gutmütig und symbolisieren Größe, Güte und Glück. Chinesische Astrologen sagen Kindern, die im Jahr des Drachen geboren sind, ein langes, gesundes Leben voller Wohlstand voraus.

Der Drache ist ein recht detailliertes Motiv. Arbeiten Sie zuerst die schwarzen und gelben Bereiche, vor allem die Zacken auf dem Rücken. Dann wird die Körperfläche ausgefüllt.

Vorlage

FARBEN

WEIHNACHTSMANN

Der traditionelle Weihnachtsmann mit der roten Nase und den rosigen Wangen hat sich zur Feier des Tages einige Zweige an Mütze und Bart gesteckt. Der weiße Pelzrand der Mütze besteht aus Kreisen, der Bart dagegen aus Rechtecken. So wird verhindert, dass die gleichfarbigen Flächen zu einförmig aussehen. Sie könnten die Formelemente auch austauschen.

Die Ilexblätter sind stark stilisiert und auf Dreiecke reduziert. Wer mag, schneidet realistischere Versionen zu.

Vorlage

Mit einem Weihnachtsgruß ist dieses Mosaik ein jahreszeitlich passender Schmuck. Natürlich kann er als Detail in eine andere, aufwändigere Weihnachtsdekoration integriert werden.

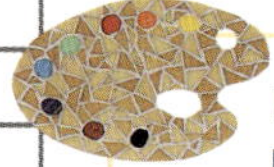

FARBEN

WEIHNACHTSBAUM

Wenn Sie eine Stichsäge haben, schneiden Sie die Grundplatte rundherum 5 mm größer als die Vorlage zu und bohren in den Überstand Löcher zum Befestigen eines Messingdrahts. Dann kann der Weihnachtsbaum im Flur oder im Treppenhaus aufgehängt werden. Den Baumschmuck bestimmen Sie selbst: kleine Päckchen, Kugeln, Kerzen, Lebkuchen oder Zuckerkringel. Wenn Ihnen die stilisierte Form nicht gefällt, orientieren Sie sich beim Entwurf an einem echten Baum.

Vorlage

Bei diesem Baum wurden zuerst die Kugeln gestaltet. Jede hat als Zentrum ein sehr sorgfältig rund geschnittenes Mosaiksteinchen, um das Kreise aus Vierecken gelegt sind. Hellere Perlglanz-Tesserae, die bei allen Kugeln in die gleiche Richtung zeigen, sorgen für die stimmungsvollen Lichtreflexe.

Was spricht dagegen, den Baum in einen hübschen Kübel mit Ilex- oder Rosenmotiven zu stellen oder an seinem Fuß einige bunte Päckchen aufzustapeln?

FARBEN

BEZUGSQUELLEN

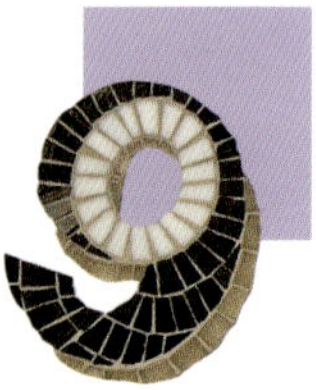

DEUTSCHLAND

Bastel- & Creativshop
Alzeyer Str. 65e
67549 Worms
Tel: 06241/ 59 35 70
www.bastel-creativshop.de

Fliesen-Fieber
Uslarer Str. 33
37194 Bodenfelde
Tel: 05572/ 92 12 23
www.fliesenfieber.de

Franz Mayer'sche Hofkunstanstalt
Seidlstr. 25
80335 München
Tel: 089/ 59 54 84

Great-Shop
Ines Kiriasis
Am Weiher 39
85435 Erding
Tel: 08122/ 95 92 66
www.mosaik-laden.de

Max Bringmann KG
Johann-Höllfritsch-Str. 37
90530 Wendelstein
Tel: 09129/ 277-0
www.folia.de

Mosaikwelten Gerti Kukuk
Gartenstr. 26c
14641 Wustermark
Tel: 033234/ 22 987
www.mosaikfliesen-online.de

Mosaikwerkstatt Bruno Rodi
Oberlohnstr. 3
78467 Konstanz
Tel: 07531/ 68 175
www.mosaik-handwerk.de

Norddeutsche Steingut AG
Schönebecker Str. 101
28759 Bremen
Tel: 0421/ 62 62-0
www.norddeutsche-steingut.de

Sevla Technik
Karl Christian Schlenker KG
Christian-Messner-Str. 29
78647 Trossingen
Tel: 07425/ 93 03 00
www.selva.de

STEGA Ges. f. Mosaik- u. Fliesenarbeiten
Berlepschstr. 28
14165 Berlin
Tel: 030/ 80 11 081

Vetros Glasmosaik Division
Meisenstr. 9
96194 Walsdorf
Tel: 09549/ 98 98 810
www.vetros.de

WiWa Mosaik OHG
Westerndorfer Str. 14
83024 Rosenheim
Tel: 08031/ 89 10 50
www.mosaiksteine.info

Zillmann-Mosaik
Abt-Thoma-Str. 9
82256 Fürstenfeldbruck-Puch
Tel: 08141/ 26 622
www.zillmann-mosaik.de

Hinweise zu technischen Fragen, Informationen zur Materialbeschaffung und zu Kursen:

Deutscher Industrieverband Keramische Fliesen und Platten e. V.
Schillerstr. 17
95100 Selb
Tel: 09287/ 80 837
www.fliesenverband.de

SCHWEIZ

Merlin Geschenk- und Bastelshop
Buchstüdeliweid
Postfach 151
6166 Heiligkreuz
Tel: 041/ 48 04 878
www.merlinshop.ch

ÖSTERREICH

Mosaik-Art
Hafnerstr. 2
4020 Linz
Tel: 0732/ 78 44 49
www.mosaik-art.com

REGISTER

A

B

C

D

E

Danksagung der Autorin

Ich möchte meinem Partner Paul Rutishauser für die wertvolle Hilfe beim Schreiben dieses Buchs danken, außerdem meiner Freundin Vera Laing für unermüdliches Verfugen und meiner Mutter, die mich auf die Idee zu diesem Projekt brachte.

Autor und Verlag danken Reed-Harris für die Bereitstellung der Mosaikmaterialien, die für die Projekte verwendet wurden.

Bildnachweis

Der Verlag dankt den folgenden Künstlern für die erteilten Reproduktionsgenehmigungen:

Umschlagvorderseite (Ballon) Steward Hale, (Hirsch) Judy Wood, (Schiff) Jo Letchford; Seite 3 (Fisch) Judy Wood; Seite 103 Brett Campbell; Seite 143 Stewart Hale; Seite 154 Bea Gullick; Seite 155 Mary-Kei MacFarlane; Seite 156 Rosalind Wates; Seite 157 Stewart Hale; Seite 158 Robert Field; Seite 159 Jeni Stewart-Smith; Seite 160 Robert Field; Seite 165 Irina Charny; Seite 173 Jo Letchford; Seite 174 Jeni Stewart-Smith; Seite 187 Stewart Hale; Seite 188 Marcelo José de Melo; Seite 189 Irina Charny; Seite 192 Mary-Kei MacFarlane; Seite 193 Elaine Prunty; Seite 196 Terry Rudd; Seite 197 Elaine Prunty; Seite 216 Robert Field; Seite 230 Sudarshan Deshmukh; Seite 231 Jo Letchford; Seite 232 Jo Letchford; Seite 233 Jo Letchford; Seite 234 Terry Rudd.